그럼에도 눈부신 계절

후우카 김 지음

모든 순간, 모든 곳에 ———
하나님이 함께 계시다

그럼에도 눈부신 계절

후우카 김

모든 순간, 모든 곳에 ———
하나님이 함께 계시다

그럼에도 눈부신 계절

글로 사람을 속이는 사람들이 있다. 자신의 성품, 인생, 성취, 고생담, 신앙의 수준을 각색하여 사람들을 웃기고 울리고 감동까지 만들어 내는 것이다. 그러나 이런 사람들은 오래 버티지 못한다. 글로 사람을 쉽게 속인 사람은 얼마 가지 않아 자기 글로 자기 자신의 정체를 다 드러낸다. 사람들이 글의 표층만 읽고 열광하는 단계를 지나 글의 심층을 읽기 시작하는 단계가 오기 때문이다. 그 시간에 많은 작가들이 나가떨어진다. 후우카 김의 글을 작심하고 한 번 읽어 보라. 거짓 없는 그녀의 진실함에 감동할 뿐 아니라 그녀의 존재가 담긴 글의 문체에 아름다움을 경험하게 될 것이다. 그녀는 자신의 실패와 좌절, 아픔과 절망을 감추지 않는다. 그것을 진실함으로 표현하되, 한 문장 한 문장에 따뜻함과 온유함을 담아 우리 마음에 전달한다. 그러다 보니, 글이 사람의 마음을 움직이고, 눈물짓게 하고, 무언가를 결심하게 만든다. 부드럽고 고운 문장들이 어떤 방식으로 사람의 마음을 녹이고 부수는지를 경험하기 원하는 분들은 후우카 김의 「그럼에도 눈부신 계절」을 만나 보자. 한 사람의 인생을 빚어 많은 사람들의 심령에 도전과 위로를 안기시는 하나님을 만나게 될 것이다.

김관성 행신침례교회 담임목사, 「본질이 이긴다」 저자

이 시대는 신(神)이 죽고 돈이 태어난 시대이다. 따라서 황금이 '유일신'으로 등극한 시절이다. 따라서 황금이 제공해 주는 번영과 부요가 천국의 대체품으로 갈채를 받고 있는 '슬픈 계절'이다. 저자는 황금이 내뿜어 내는 화려한 눈부심에 시력을 잃어 가는 이 시대를 시린 눈길로 쳐다본다. 그리고 황금의 화려한 눈부심을 능가하는 '또 다른 눈부심'이 존재한다는 진실을 알려 준다. 그 눈부심은 하나님께서 삶의 일상 곳곳에 숨겨 놓으신 작은 신비를 발굴한 맑은 눈동자에 담겨진 '경탄의 눈부심'이다. 일상에서 일하시는 하나님을 발견하지 못한 사람은 우주에 계신 하

나님을 볼 수 없다는 것이 저자의 생각인 듯하다. 「그럼에도 눈부신 계절」은 모든 것이 지나치게 넘치는 '과잉의 시대'를 살기에 오히려 모든 것이 부족해진 '상실의 시대'를 사는 이 시대 그리스도인들에게, 그대가 머물고 있는 지금의 일상에서 하나님을 학습하는 '일상의 신학'을 권유하는 저자의 '눈부신 진심'이 담겨 있다.

김겸섭 한마음교회 담임목사, 「천사는 오후 3시에 커피를 마신다」 저자

무심코 원고를 읽다가 자세를 고쳐 앉아야 했다. 오래 전에 이미 떠나온 과거가 말을 걸어오는 것 같았기 때문이다. 원고를 다 읽은 후 내 마음에 새겨진 단어들을 종이 위에 나열해 보았다. 스며들다, 살아 보자, 버리다, 불안, 덧없음, 상실감, 낯섦, 그리움, 눈물, 물끄러미 이 단어들을 바라보다가 이 모든 단어가 설움이라는 단어로 수렴된다는 사실을 알 수 있었다. 아프고 아리다. 그러나 참 고맙다. 그 모든 아픔의 언어들이 절망 속으로 귀결되지 않기 때문이다. 금 간 바가지를 띠풀로 꿰매 샘물을 긷던 사람들처럼 저자는 자기 삶의 경험 속에서 별뉘처럼 슬쩍 드러나는 빛을 바라본다. 그럴 수 있는 것은 저자의 가슴에 기둥 하나가 들어서 있기 때문일 것이다. 가끔은 원망스럽기도 하지만 언제나 기댈 수밖에 없는 분, 하나님 말이다. 신산스런 상황을 감내하느라 입은 상처와 아픔이 없었다면, 그리고 아니 계신 듯 계신 그분을 믿지 않았더라면 침묵, 기다림, 깊이 바라봄이라는 보화와 만나기 어려웠을 것이다. 모처럼 머리가 아닌 존재의 밑바닥에서 길어 올린 글과 만났다. 지금 아픔과 고통의 시간을 보내고 있는 이들은 이 글을 통해 치유를 경험하게 될 것이고, 공허와 무의미의 심연에 빠진 이들은 지금 우리에게 주어진 삶이 얼마나 귀한 것인지를 자각하게 될 것이다.

김기석 청파교회 담임목사, 「그리움을 품고 산다는 것」 저자

소설 같기도 하고 장편의 시 같기도 한 에세이를 읽었다. 책의 후반에 드라마에서나 나올 법한 이야기들을 온몸으로 겪어 낸 여주인공이 행복하게 되길 기도했다. 비록 자신이 통과한 삶의 배경에서 조연처럼 병풍처럼 보였을지 몰라도 분명히 그녀는 하나님 눈에 주인공이다. 빛나는 내공과 깊은 묵상, 삶을 대하는 겸허한 태도가 매력적인 여주인공이 궁금하다. 아름답고도 명확한 문체와 과감한 표현력은 그녀를 만나 보고 싶은 마음을 들게 한다. 여성과 가족, 그리고 사역자의 삶에 대한 상념에 젖게 되는 저자의 글을 통해 저마다의 십자가를 지고 주어진 삶을 겸손히 살아가는 그리스도인의 모습을 보았다.

김명선 찬양사역자, 「사랑이 남긴 하루」 저자

불행, 고난, 시험 중에 있는 이는 소망이 꺾이고 내면의 빛은 사라지기 마련이다. 하지만 고난이 닥칠수록, 불행이 짙어질수록 소망에 귀를 기울이고 내면 깊은 곳, 빛의 심지를 돋우는 사람이 있다. 제목대로 "그럼에도 눈부신 계절"을 살아가는 사람이다. 저자와 알게 된 것은 10년이란 세월을 훨씬 뛰어넘는다. 그 세월 동안 어려운 상황 속에서도 아름답게 자녀를 양육하고, 말씀 안에서 몸부림치는 믿음의 사람을 보았고, 부르심을 쫓아 사역의 현장에서 헌신하는 사역자를 보았다. 그저 살아내는 것이 전부가 아닌 빛 속을 걸어가려 애쓰는 걸음이 안타깝기도 했지만, 노(老)목사에게 도전과 감사의 제목이 되었다. 그 삶의 이야기가 책으로 나와 고맙고 반갑다. 이 책은 고난 중에 있는 이들, 삶의 의미를 잃어버린 이들에게 위로와 도전을, 반복되는 실패와 좌절 속에서 믿음을 잃어가는 이들에게 비틀거릴지라도 빛을 향해 발걸음을 옮겨 놓을 수 있는 용기를 전한다. 믿음을 놓치지 않기 위해 애쓰고 고민하는 믿음의 사람들에게 들려져야 할 이야기다.

김오용 동일로교회 담임목사

온기가 있고 후각을 자극하고 촉감이 느껴지는 글이 그립다. 그런 글을 만나면 참 좋으면서도 조바심이 난다. 나도 그런 글을 쓰고 싶었나 보다. 그런데 솜씨만으로는 근처에도 못 간다. 여성작가라고 더 가까운 것도 아니더라. 남다른 감수성과 사진 찍듯 기억해 내는 관찰력은 덤이다. 진짜는 온몸으로 통과한 생(生)의 먹물로 써야 한다. 선택한 삶일지언정 그것마저도 이미 정해진 것 같아 보여 짠하다. 후우카(Huuka)의 기록은 친절하지 않은 생에 대한 그리 강하지 않은 수용 의지이자 소심한 삐딱함의 산물이다. 자기를 살게도 하고 가두기도 하는 거미의 거미줄 같은 것이다. 눈물과 한숨으로 직조한 '눈부신' 거미줄이니 조심하시라. '그럼에도' 당신이 포획될 수 있으니!

박대영 광주소명교회 책임목사, 〈묵상과 설교〉 편집장

이 책에서 저자는 자신의 '눈'으로 그녀의 과거, 부모, 남편, 자녀, 교회, 친구 등 주변에서 일어났던 일들을 때론 수채화처럼 또 때로는 정밀묘사 드로잉처럼 그려낸다. 읽는 내내 긴장감은 물론 슬픔과 기쁨, 눈물과 웃음, 놀람과 평안 등 온갖 복잡한 감정을 다 소환해 낸다. 이야기를 풀어가는 그녀의 시각은 그녀가 받은 과거 아픔으로 충분히 왜곡될 수 있었지만(글을 읽어 보라) 우리 모두의 가슴에 공감을 불러낼 만큼 청정하다. 이런 점에서 그녀의 시각은 태초의 흑암을 별이 빛나는 밤으로 바꾸신 후 "보시기에 좋았더라" 하신 분의 창조적 시각을 닮았다. 글의 한 문장도 버릴 것이 없다. 단지 글의 구성이 잘 짜여 있어서만 아니라 그 문장 하나하나가 삶의 고통과 세상의 편견 그리고 자기 내면의 어둠을 거슬러간 한 구도자의 들숨과 날숨이기 때문이다.

박윤만 대신대학교 신학대학원장, 「마가복음」 저자

후우카(風香) 김의 첫 에세이 「그럼에도 눈부신 계절」이 나왔다. 아마도 그녀가 책을 낼 것을 의심하는 사람은 없었을 것이다. 왜냐하면 그녀의 삶이 모두 에세이요, 시이기 때문이다. 요한 하위징아는 중세의 가을에서 언어는 사실상의 이미지라고 했는데 나는 이 말을 읽을 때마다 그녀를 떠올렸다. 그녀의 언어는 감춤 없이 드러난 우리 시대의 교회와 그 공간 안에서 몸부림치는 신자들의 얼굴이기 때문이다. 글쓴이는 아마도 아파하면서 글을 썼을 것이다. 그러나 그의 글쓰기가 또한 그녀를 치유하고 그녀의 에세이를 읽는 독자들을 다독일 것이라고 생각한다. 제자에게 바라고 싶은 것은 한국의 미우라 아야꼬가 되어 현학적인 글쟁이들이 담아내지 못한 우리 시대의 이야기를 계속하여 써 주기를 바라는 것이다. 벌써 후우카의 다음 책이 기다려진다.

임종구 푸른초장교회 담임목사, 「칼빈과 제네바 목사회」 저자

삶이 답이 없을 때가 있다. 구비구비 험준한 시절을 지나오고, 지금도 막막한데, 미래는 더욱 보이지 않는…. 믿음의 사람들에게도 이런 세월들이 있다. 팍팍한 삶으로 인해 믿음의 공식은 안개처럼 희뿌옇고, 믿음의 고백은 허공처럼 흩어져 그저 눈물과 한숨뿐인…! 그런 분들에게 여기 한 여인이 걸어와 자신의 이야기를 나직이 들려준다. 후우카 김! 이름만큼 특이한 이력이다. 한국인 아버지와 일본인 어머니 사이에 태어나 배다른 형제들 속에 살아온 그녀는 메마른 바람처럼 정처 없고 신산한 삶을 살아왔다. 살아온 것이 아니라 살아내기 급급한 삶이었음을 고백하는 그녀. 그런 자신의 민낯을 솔직하게 내어 보이는 그녀의 글들은 눈물처럼 영롱하게 빛난다. 타고난 글쟁이요 지독한 독서광인 그녀에게 글은 구원의 수단이었다. 그 속에서 오랜 내공으로 빚어낸 그녀의 보석 같은 글들이 누군가에게도 다시 걸어갈 힘을 건네 주길 기원한다.

이혜정 덕천제일교회 사모

몇 번이나 눈물을 쏟았다. '일본인 어머니', '첩의 딸', '쪽발이', '튀기', '배다른 형제들', '부도', '이혼', '재혼', '가난', '새엄마', '양육'에 이르기까지 세상의 오명이란 오명은 하나도 비껴가지 않은 인생에 가슴이 아렸기 때문이다. 한때 작가는 자신을 벼랑 끝으로 몰아가는 하나님을 원망하기도 했지만, 슬픔과 절망에 흔들리는 자신을 붙들어 준 것은 끝내 하나님의 은혜였음을 깨닫고 지금은 자신의 남다른 삶의 이력으로 다른 이들을 위한 삶을 살라는 말씀을 받들어 하나님의 충실한 사역자로 살아가고 있다. 이 글이 가슴을 저리게 하면서도 아름다운 것은 고난받는 세상의 자식들에게 따뜻한 밥상을 차려내는 엄마의 눈길과 손길로 가득하기 때문이다. 작가는 세파에 지친 영혼들에게 속삭인다. 사랑하는 딸, 힘내자! 주님이 너와 함께하신다! 인간을 비루하게 만드는 것은 빈곤이 아니라 믿음을 잃어버리는 것임을 굳게 믿으며 작가는 오늘도 자신을 일으켜 세운다. 망망대해 풍랑 속에서 조각배처럼 흔들리며 살아가는 우리, 사랑으로 인도해 주시는 하나님에 대한 믿음으로 살아가는 삶이야말로 얼마나 복된 일인지 새삼 깨닫지 않을 수 없다.

장정희 대광여고교사, 소설 「옥봉」 저자

프롤로그

어느 날 일출을 보기 위해 해돋이 바닷가를 찾았습니다. 예고된 일출 시간보다 빨리 도착해 초조히 시계를 확인하며 수평선을 뚫어져라 바라보고 있었지요. 그날의 하늘은 구름으로 희뿌옇게 덮여 있었습니다. 이미 사위(四圍)가 밝아왔지만 좀처럼 해는 얼굴을 보여 주지 않았습니다. 기대했던 일출을 볼 수 없을지도 모른다는 실망이 밀려드는 순간, 바다와 하늘 그 둘 사이 아주 작은 틈이 벌어졌습니다. 그 틈 사이 바다 빛과 하늘 빛이 감당할 수 없는 붉고 둥근 형태의 해가 짧은 순간 일렁이기 시작했습니다. 하지만 이내 해는 두껍게 깔린 구름 뒤로 감추어졌습니다. 아주 짧은 순간의 강렬함. 하늘과 바다는 결코 태양의 모습을 감출 수 없었습니다. 비록 태양의 모습은 구름 뒤로 사라졌지만 고도를 높여가는 태양을 따라 하늘과 바다는 온통 붉게 물들었습니다.

거친 세상을 살아가면서 보호받지 못하고 버려졌다는 생각이 드는 날이 많았습니다. 아무리 애를 써도 이 세상에서 나의 삶은 결코 나아질 것 같지 않은 절망감에 빠질 때도 있었습니다. 삶이 고될수록, 좌절이 반복될수록, 잦은 실패로 절망에 빠질수록, 그 옛날 이스라엘 백성들이 자신들의 노역에서, 억눌림에서 구원해 줄 강력한 메시아를 기대했듯이 저 역시 나의 삶을 전복시켜 줄 뚜렷한 증거를 원했습니다. 하지만 주님은 그런 드라마틱한 존재가 아니었습니다. 버려지고 슬퍼하며 좌절할지라도 또 하루를 잇대어 살아가게 하시는 날숨과 들숨으로 나를 감싸고 계셨습니다. 짙은 구름이 태양의 모습을 감출지라도 그 눈부신 태양빛만큼은 감추지 못하듯, 하루하루 성실히 살아온 나의 삶을 주님은 눈부신 계절로 바꾸어 주셨습니다.

이 책은 어둡고 힘든, 처절한 삶의 이야기가 아닌 빛 되신 주님으로 인하여 '그럼에도 불구하고 눈부신 계절'을 살아가는 이야기입니다. 때로는 기도와 말씀을 통해, 때로는 사랑스러운 자녀들을 통해, 때로는 함께해 준 소중한 벗님들을 통해, 이글이글 불타오르는 강렬한 빛은 아닐지라도 스며들어 주위를 밝히고 온기가 되어 준 감출 수도, 가릴 수도 없는 그 빛의 이야기입니다.

이 책을 통해 어려움 가운데 있는 이들이 오늘 하루를 견디 낼 수 있는 작은 힘을 얻기를 소망합니다. 우리의 삶을 찬란하고 눈부시게 만드는 것은 그 무엇도 아닌 오직 주님이십니다. 그 주님께서 지금 이곳에 저와 여러분과 함께 하십니다. 여호와 삼마.

——후우카 김

차례

프롤로그

1장_ 장미는 '왜'가 없다

그녀의 이름은	018
내리는 비처럼	022
후우카(風香) - 바람의 향기	026
볕뉘	032
꽃상여	039
휘파람을 부는 언니	043
나의 몽블랑	048
해거리 중입니다	053
여름이 지나간다	058
화장을 지우다	063
낮달	069
기도를 잃어버린 날	073
위독한 사랑	077
엄마는 항상 뒤에 있다	081
네가 돌아오기를	087
엄마가 행복했으면 좋겠어	091
실 사이에 스며든 기도의 시간	095
오직 견딤만이 비기(秘技)가 된다	099
오늘 하루를 살아내라	103

2장_ 향기를 피어 올리는 꽃은 쓰다

오늘 하루만	110
편의점 인간 1	115
편의점 인간 2	121
내가 상실한 것	125
가로 44cm, 세로 60cm	129
깊은숨	135
딸에게 들려주는 이야기	139
그래도 엄마 밥은 넘어가네	144
달콤함을 더하는 신맛	149
찬란한 일상	153
산사에서	157
부부라는 접목(椄木)	162
초기화	168
눈물의 기도로 자라는 아이	174
감출 수 없는 붉음을 보았노라	179
명품 바이올린은 전시되지 않고 연주된다	183
찾아가는 길	188
저마다의 계절을 살아간다	192
본연의 맛	196
부용, 꽃 피우다	201

3장_ 은밀하고 위대하게

뜻밖에서 일하시는 주님	208
'우리'라는 말은	212
가운데 걸 남기는 거란다	217
노동이 기도가 되는 때	222
헤아림	227
눈이 부시게	231
몸을 자라게 하는 것, 영혼을 자라게 하는 것	236
상처 입은 신앙	241
마늘을 까다	246
줄무늬 강낭콩	250
가슴 엄마와 목도리	254
몸이 기억하는 성결의 시간	260
일상을 살아내는 근력(筋力)	264
인생도 영화배우처럼	270
다정(多情)도 병(病)인 양하여	274
그곳에 하나님 나라가 있다	278
품다	282
곁을 내어준다는 것	287

1장_ 장미는 '왜'가 없다

장미는 '왜'가 없다.
그것은 피어야 하기 때문에 피는 것이다.
- 앙겔루스 셀레시우스

그녀의 이름은

초록 담장이 숲에서
홀로 붉은 너를 보다.
남과 다르다는 건 네 잘못이 아냐.
남들보다 조금 빨리 시간을 알게 되었다는 것,
그것도 네 잘못이 아니란다.
너는 너일 뿐이야.

네가 내 눈에 보배롭고 존귀하며 내가 너를 사랑하였은즉.
- 이사야 43장 4절

그녀의 나이는 14살. 또래치고는 작다. 깡마른 몸, 조그만 얼굴에 커다란 사팔뜨기 눈이 도드라져 보인다. 유난히 흰 피부 때문인지 쓰러질 듯 창백하다. 난 그 여자아이의 눈을 보는 순간 그녀가 불안에 떨고 있다는 것을 알 수 있었다. 아니 그것은 불안을 넘어선 공포다. 이 낯익음은 타인의 것이 아닌 바로 나 자신의 것이다. 앞으로 자신의 삶이 어떻게 될지, 이런 낯선 환경 속에서 자기편이 되어 줄 사람이 누구인지 아무리 머리를 굴려 생각해도 알 수 없는 막막함. 그 작은 몸이 뿜어내는 긴장감에 오히려 내가 숨이 막혀 버릴 듯하다. 김순분, 내 기억이 틀리지 않다면 그 여자아이의 이름은 김순분이다. 언니랑 같은 나이. 나와는 두 살 차이. 초등학교를 졸업하자마자 우리 집 가정부로 들어왔다. 아버지는 언니랑 오빠 나에게 오늘부터 집안일을 도울 사람으로 소개하고, 한 가족이라며 잘 지내라고 했다. 어린 나를 제외하고 어느 누구도 김순분을 가족으로 생각하는 사람이 없다는 것을 얼마간 나는 알지 못했다.

그 아이는 식당 방에 기거하면서 우리보다 빨리 일어나 밥을 도왔고, 우리가 학교에 가면 방을 청소하고 빨래를 했다. 우리 가족이 숟가락을 들고 밥을 먹기 시작하면 간단한 뒷정리를 하고 식탁 한끝에서 밥을 먹고, 가족들이 식사를 마치기 전 자리에서 일어나 설거지 준비를 했다. 14살, 한참 놀고 싶고 우리가 다니는 학교를 그녀인들 가고 싶지 않았을까? 그녀에게도 사춘기가 왔다. 여자로서의 모습이 드러나고 외모에 관심이 커지는 건 집에 머무는 그녀나 얼굴과 옷에 신경을 쓰는 언니나 다를 바가 없었다. 때때로 언니의 신경질적인 고자질과 순분이의 눈물을 보는 건 드문 일이 아니었다. 가족처럼 생각하는 것과 가족의 차이를 순분이를 나무라는 엄마의 말에서 나는 깨달았다. 궁금했다. 순분이는 왜 학교를 가지 않고 우리 집에서 일을 하는 걸까? 그녀의 아버지가 알콜중독자라는 것과 입 하나라도 덜기 위해 식모살이를 해야 한다는 것을 이해하기에 나는 너무나 어렸다. 맞다. 그 시절에는 누구나 다 배불리 먹고 하얀 쌀밥과 고기를 먹었던 것이 아니다. 순분이 역시 우리 집이 더 좋다고 했다. 정말 그랬을까? 하지만 그때는 그 말을 여과 없이 믿었다.

어느 날 집에 아버지 손님들이 오셨다. 친구 분은 "네가 누구냐" 물으셨고 오빠는 형제들을 돌아가며 소개했다. 하지만 순분이가 빠졌다. 나는 그분께 '우리 언니'라고 소개했고 오빠는 '식모'라고 고쳤다. 순분이는 철저하게 구분되는 존재였다. 그녀의 손을 통해 밥을 먹고, 그녀의 손을 통해 우리는 깨끗한 방에서 생활했지만, 그녀는 웅크린 삶, 소외된 삶을 살아야 했다. 후에 그녀는 결혼을 했다. 결혼 상대자는 꽤 나이가 많은 소아마비를 앓는 장애인이었지만 먹고사는 것은 걱정 없는 좋은 자리라고 했다. 꽃다운 24살. 그녀는 남의 집 더부살이에서 벗어나 자신의 삶을 조금은 살아 보고 싶지 않았을까? 자기보다 10살 이상 많은 남자의 아내로 또 다른 삶에 묶이게 된 그녀에게 먹고사는 문제가 해결되었다고 충분히 괜찮은 행복한 삶이라 누가 말할 수 있을까? 웨딩드레스의 눈부심이 남몰래 흘린 눈물의 반짝임으로 간직되는 것은 그녀의 모습에서 겹쳐 보인 예견된 나의 모습인지도 모른다.

7살 때 아버지의 손에 이끌려 일본에서 한국으로 왔다. 처음 순분이가 우리 앞에서 소개되듯 나는 알아들을 수 없는 말로 소개되었고 고개를 숙여 인사를 해야 했다. 고개를 들었을 때 내 눈을 가득 채운 큰어머니와 이내 돌아서는 오빠의 뒷모습이 뿜어내는 싸늘함과 호기심 어린 언니의 눈빛은 지금도 잊을 수 없다. 어린 내가 이해할 수 없었던 어른들의 세계. 서출, 첩의 딸. 쪽발이, 혼혈, 순분이의 이름에 겹쳐진 부인할 수 없는 또 다른 나의 이름이다.

내리는 비처럼

온종일 가는 비가 내린다. 분분(紛紛)했던 세상의 소요(騷擾)를 잠재우기라도 하듯이 소리 없이 오랫동안 내린다. 천상의 비가 지상의 땅에 스며듦에는 모든 무력(武力)을 무력화(無力化)시키는 창조의 힘이 있다. 그런 까닭에 이 비가 그치면 가지마다 생명이 돋고 꽃들은 벙글어진다.

언제부터인지는 알 수 없으나 하늘이 두드리는 땅의 소리가 좋아졌다. 요즈음 집중력을 높여 주는 백색소음으로 내리는 빗소리라든지 바람 소리, 새소리 등 자연의 소리를 듣는 사람이 많아졌다. 어떤 악기의 연주로도 경험할 수 없는 음률. 자연 그대로의 날것이 우리에게 주는 위안은 생명과 닮아 있는지도 모른다. 나는 장대비가 아닌 다음에는 우산조차 쓰지 않는다. 아니 일부러 걸음의 속도를 늦추어 온몸으로 비를 느끼기도 한다. 행위예술가처럼 그

감각들을 예술로 승화시킬 수 있다면 좋겠지만 정작 나의 마음 한구석에서는 내리는 이 비로 나의 모든 세포가 녹아 땅으로 땅으로 스며들어 생명의 환희가 아닌 존재의 상실을 이루고 싶은 갈망을 느낀다. 소멸(消滅)이 주는 궁극의 쾌감(快感)을 내리는 비를 통해 온몸으로 느끼고자 하는 것일까?

얼마나 아이러니한가? 생명의 환희(歡喜)와 소멸의 쾌감은 모체(母體)가 같다. 그런 까닭에 생명은 무엇인가의 죽음에 잇대어 있는가 보다. 그렇다면 나는 나의 소멸을 통해 무엇을 잉태하고자 했던 것일까? 인류 구원을 위해 자신의 생명을 아낌없이 주신 예수 그리스도의 십자가와 같은 거룩함도 위대함도 아니다. 단지 하루를 살아갈 힘이다. 이 비가 그치고 난 뒤 이 하루를 살아갈 힘을, 하루의 생명을 잇대고 싶다. 나의 소멸에의 갈망은 생존의 욕구다.

비를 맞으며 나는 내면의 나 자신을 대면하고 다른 사람과 내 발이 닿아 있는 공간의 사물을 살피기 시작했다. 지독한 외로움이 절대고독으로 치환(置換)되는 시점은 모든 사물의 소리가 멈추고 오롯이 내리는 빗소리만 들리게 될 때다. 그 순간 존재 의미의 상실에서 모든 존재에 의미를 부여할 내공이 생긴다. 또한 소멸은 새로운 생명을 덧입는다. 우리의 살아감은 누군가의 죽음을 자원 삼아 이루어진다. 물질세계에서는 팔꿈치로 다른 이들을 찍고 눌러 쓰러뜨린다. 그리고 쓰러진 자들의 생명을 취하여 자신의 자원으로 삼는다. 그러나 진리로 자유롭게 된 자는 순종의 걸음으로 자신의 생명을 내어준 어린 양 예수로 말미암아 생명을 얻었다. 빚진 자의 삶. 몸부림치듯 소멸 속에 하루의 생명력을 얻고자 했지만 언제나 그 생명이 공급되는 것은 누군가의 손에 의해서다. 누군가는 자신의 시간의 일부를, 누군가는 자기 삶의 일부를, 누군가는 자신의 물질의 일부를 통해 생명을 공급한다. 팔꿈치에 찍히고 누군가에게 걸려 넘어진 멍든 무릎조차 쓰다듬어 일으켜 주는 건 나의 손길이 아닌 그분의 일하심에 순종하는 그 누군가로부터다.

주님은 말씀에 해박하여 가르치는 이들을 훈계하셨고, 성전 장사치들의 상을 엎으셨다. 그분은 팔복동산에 모여든 이들의 퀭한 눈과 남루한 행색의 주린 배 앞에, 한낮 다시는 목마르지 않기를 원하는 갈함 속에 있는 여인 앞에, 베데스다 연못의 절망과 깊은 병이 내뿜는 악취 앞에, 어두운 무덤 속 죽을 수밖에 없는 나사로의 유한함 앞에, 그의 죽음에 애통하는 어쩔 수 없는 인생 앞에 눈물 흘리셨다. 생명은 내리는 비처럼 흘리는 눈물에 있다. 살리는 눈물.

생명 돋게 하는 눈물의 비다.

가만가만 내리는 비를 바라보노라면, 우리의 시선이, 우리의 손과 발이 어디에 있어야 하는지 흐리지만 또렷이 보이기 시작한다. 저 멀리 달아나는 구름 속에 한 줄기의 햇살과 약속의 무지개가 보인다. 살아 보자. 생명의 때다.

무지개를 통해 우리는 삶에 남은 마지막 선택지가 고통이나 슬픔이 아닌 아름다운 가능성을 가진 선택지도 있다는 것을 알게 되는 것이다. - 아버자니

후우카(風香) - **바람의 향기**

"쟤 좀 봐. 눈이 얼굴의 반을 덮었어."
기억이란 참 우습다. 붙잡고 싶은 것들은 손가락 사이 빠져나가는 모래처럼 쉽게 잊혀 버린다. 하지만 정작 잊고 싶은 것은 손가락 끝에 박힌 가시처럼 좀체 잊히지 않는다. 가장 행복했던 시간이 7살 이전이었던 것일까? 나의 기억에는 그 시간이 남아 있지 않다. 특별히 기억해 둬야지 다짐할 필요가 없었던 평온이 그렇게 잊어버리도록 하였는지, 아니면 7살 때 겪은 이별의 충격이 이전의 모든 기억회로에 교란을 가져왔는지 알 수 없다. 그런 까닭에 나의 기억 가장 먼 곳에는 아버지 손에 이끌려 낯선 이들 앞에 서 있는 7살 계집아이가 서 있다. 그 계집아이는 긴 머리카락을 헝클어 어깨까지 늘어뜨려도 감출 수 없는 것이 있었다. 그것은 유독 큰 눈이었다. 아무리 거울을 보아도 나의 눈에는 그들과 다른 점을 찾을 수 없건만 그들은 내 눈을 '소 눈'처럼 크다고 했다. 그리고 그 큰 눈으로 당신들을 바라보는 것을 싫어했다. 아니 나는 감히 그 큰 눈으로 그들을 바라보아서는 안 된다는 것을 시간을 통해 배웠다. 나는 그들과 다르다.

"튀기는 얼굴은 예뻐도 머리가 나빠."

나는 튀기. 혼혈이다. 가족으로 소개된 그들에게 가장 많이 들었던 말이 "튀기는 얼굴은 예뻐도 빠가사리"였다. 그 말의 뜻(얼굴은 예쁘나 머리가 나쁘다는 뜻. 낚싯대에 걸린 빠가사리는 살려 줘도 다시금 걸려드는 것에서 머리가 나쁘다는 표현으로 사용됨)을 알게 된 이후로 몸에 붙은 '분에 넘치는 노력'은 오늘까지 이어지는지도 모르겠다. 분에 넘치게 공부했다. 분에 넘치게 쾌활했다. 분에 넘치게 착한 사람이고자 했다. 분에 넘치게 그리스도인이 되려 했다. 이런 노력은 나를 공부 잘하고 성격 좋은 아이로, 가족을 제외한 다른 이들에게 인정받는 사람이 되게 했다. 하지만 나는 다른 사람의 인정이 필요했던 것이 아니었다. 다른 사람의 인정은 오히려 형제들의 시기를 사 그들과 멀어지게 만들었다. 가족으로 존재하나 가족이 될 수 없었던 나는 정체성을 잃고 방황할 수밖에 없는 오리가 되고 싶은 백조였다.

"여자는 말이야. 화도(花道), 다도(茶道), 서도(書道)가 몸에 붙어야 해."

성인이 되어 다시 만난 일본인 친어머니께 배운 것은 여자로서의 됨됨이였다. 얼마나 우스운 일인가? 고교 시절 입센의 「인형의 집」을 읽고 '새장 속의 삶'으로부터 자유를 염원했던 내게 일본에서의 시간은 아버지와 가족들의 올무에서 벗어난 무한한 창공이었다. 그런 나에게 어머니(生母)는 여자의 올무를 채우려 한다. 하지만 싫지 않았다. 그 싫지 않음은 여자로서의 올무가 아닌 어머니 나라의 정서가 주는 평온함, 자신을 관조할 수 있는 시간 속에서의 여유, 사물을 바라보는 내밀한 시선, 억지로 무리하지 않아도 되는 자신만의 것에서 오는 것이었다. 이러한 정적(情的)인 활동은 이후 액티브한 나의 사역과 더불어 내면을 살필 수 있는 마음의 눈을 열어 주는 귀한 계기가 되었다.

"고통에 침묵할 것. 너이기에."

부도와 결혼생활의 실패는 "넌 아무리 분에 넘치는 노력을 해도 결코 행복해질 수 없어"라는 말에 자신을 가두어 버리는 것이었다. 악하게 살지 않았다. 오히려 더 열심을 다해, 성실히 인생을 살아왔다. 모든 것들이 풍요로웠지만 마음껏 누리지 않았다. 오히려 나누는 삶을 통해 가난한 자들, 갖지 못한 자들과 연대를 형성했다. 그런데도 결국의 내 삶은 '버려짐', '실패자', '태어나서는 안 될 생명'이라는 불가항력의 불행으로 낙점되었다. 하나님은 철저히 내 삶의 방관자로 내가 당하는 고통에 대해서는 끝까지 침묵하시는 분으로 다가왔다. 그리고 그분은 내게 차디찬 심판자이시기도 했다. 하나님께서는 원망, 불평, 실의, 상실, 그 모든 것들에게서 나에게 침묵을 강요하신다. "왜 나여야 하나?"라고 묻지 말라 하신다. 다만 "너이기에" 살아갈 길이라고 말씀하신다.

"엄마 전도사."

20대에 일본에서 쓰러져 가는 일본교회를 보았다. 나는 필연적으로 일본 땅을 구원해야 한다는 사명에 불타올라 감히 서원했다. 한국에 돌아가면 신학 공부를 하고 다시금 선교사로 일본을 찾겠다고 결심했다. 하지만 하나님의 때는 20대가 아닌 나이 40에 고난의 한 고비를 넘어선 다음이었다. 신학하기 전 중학교 특기 적성 교사를 시작으로 학원 강사 생활을 10년 남짓 했다. 그런 까닭에서인지 내 가슴에는 늘 13-18세대가 꽃씨처럼 뿌려져 있었고, 그들은 차례차례 가슴에서 피어났다. 후미진 곳, 눈을 마주하지 못하는 아이, 분에 넘치게 인정받으려 하는 아이, 불안으로 내일을 알 수 없는 아이들에게 자연스레 눈이 머물렀다. 그런 아이들은 나를 전도사님이 아닌 엄마라 불렀다. 아니 나 스스로 엄마이고자 했다. 그들과 함께하는 시간이 좋았다. 가장 나로 존재할 수 있는 시간, 두려움 없이 가슴으로 부딪힐 수 있는 관계, 뒤를 걱정하지 않아도 되는 관계, 사랑이면 충분한 사이. 그렇게 나는 아이들의 엄마 전도사로 가장 귀한 아이들을 선물로 받았다.

"하롱하롱 떨어지는 벚꽃, 그 숭고한 아름다움."
목사 남편과의 만남은 전혀 예상치 않게 흘러갔다. 더 넓고 깊은 사역을 할 수 있으리라 생각했지만 오히려 사역을 내려놓게 되었다. 사역을 내려놓았을 때 내 삶은 끝이라는 생각이 들었다. 그만큼 아팠다. 더는 사역을 할 수 없다는 것은 하나님에게 버림받은 것이라는 생각이 컸다. 지금도 그런 마음이 전혀 없는 것은 아니다. 하지만 잃어버린 건강, 독서와 글쓰기의 여유로움은 하나님의 또 다른 은밀한 계획의 시작점임을 깨닫게 한다. 벚꽃이 한창 아름다울 때 봄비가 내린다. 보는 이들이야 안타까울 수밖에 없지만 한 해를 살아가는 벚나무에게는 이때가 가장 많은 수분과 양분이 필요한 시간이다. 무성한 초록의 싱그러움의 때가 다가온다. 바로 하나님의 섭리다. 서둘러 초록 잎에 자리를 내어주며 하롱하롱 떨어지는 벚꽃의 순교는 숭고한 아름다움이다.

우리는 우리가 겪은 고통을 다리로 바꾸어 다른 사람들이 그 다리를 밟고 지나가며 고통을 덜 느끼게 해주어야만 합니다.

- 아리엘 버거, 「나의 기억을 보라」 중에서

남다른 삶의 이력 속에 발견한 주님은 나의 고통을 다리로 바꾸어 다른 이들을 위한 삶을 살라고 말씀하신다. 그것이 너의 삶이라 말씀하신다.

볕뉘

볕뉘
 1. 작은 틈을 통하여 잠시 비치는 햇볕
 2. 그늘진 곳에 미치는 조그마한 햇볕의 기운
 3. 다른 사람으로부터 받는 보살핌이나 보호

기억을 더듬어 보면 이맘때로 기억된다. 이틀 후가 그녀의 기일이다. 백옥자. 1950년 경상남도 유천 생(生). 1993년 간암으로 사망. 1남 7녀 중 맏딸. 이것이 전부다. 그렇게 특별할 것도 없고, 그렇게 기구할 것도 없는 그 시절, 대부분의 사람이 그렇게 살았듯 그녀 역시 모든 것을 자신의 운명으로 받아들인 척박함과 빈곤함의 절정기를 살아낸 이 땅의 평범한 어머니다. 비록 그녀의 태(胎)를 빌어 태어난 생명은 없다 할지라도 말이다.

그녀는 2000년 상동으로 이름이 바뀐 유천역에서 내려 강을 가로지르는 나지막한 다리를 건너 한 시간 남짓 걸어 들어간 곳에 있는 두메산골 출신이다. 유천 강을 지나 그녀의 집으로 가는 길은 지루한 풍경의 연속이다. 한가로움이나 여유로움이 묻어나는 것이 아니라, 그냥 그대로 노동의 곤함이 묻어나는 밭이 펼쳐져 육안으로는 구별되지 않는 풍경으로 인해, 걷고 있는 그 길이 어디쯤인지도 알 수 없어서, 짧아졌다 길어지는 그림자를 보면서 집이 가까워져 옴을 느낄 수 있을 뿐이다.

험한 일을 겪은 때라 생명이 귀한 그 시절, 많은 자식은 고달픔 속에서도 종족 번식의 영광이었는지도 모른다. 하지만 딸이 일곱, 아들 하나. 그녀의 어머니는 겨우 소박(疏薄)은 면했지만 딸린 입들에 풀칠하는 일은 몇 마지기 밭으로는 해결될 문제가 아니었나 보다. 부산으로 오가는 뚜쟁이 아줌마 손에 이끌려 그녀가 유천 강을 건너게 된 것은 정확히 언제인지 모른다. 그녀는 동생들을 책임지고 뒷바라지해 주며, 넉넉한 밭떼기를 약속하는 부잣집 재취 자리로 들어갔다. 그 집에는 배가 다른 아이들과 작은 체구에 고집 센 시어머님이 계셨지만 집안일은 식모가 담당했고, 때때로 집안 대소사만 챙기면 되었다. 그녀는 얼굴을 곱게 단장하고 때에 맞추어 부부동반 모임에 동행하거나,

아이들의 학교행사에 참석했다. 체면이 중요했던 남편은 성실하게 동생들의 뒷바라지를 해주었고, 때때로 바람을 피우거나 손찌검을 할 때도 있었지만, 그때만 견디면 여동생의 일식집도, 남동생의 대학등록금도 든든히 보장되는 것이다.

그녀를 만난 것은 학교를 들어갈 무렵이었을까? 아버지의 정실부인 그러니까 큰오빠의 어머니께서 집을 나간 그 어느 날, 그녀는 아버지와 함께 현관문에 서 있었다. 참으로 어색한 첫 대면이었지만, 곱게 생긴 그 얼굴이 늘 무서운 얼굴만 하던 큰오빠의 어머니보다 좋게 느껴졌다. 엄마를 떠나 아버지 손에 이끌려오게 된 한국, 배다른 형제들과의 사이에서 무섭도록 외로웠던 나는 그녀의 품이 쉴 수 있는 유일한 장소가 되었다. 그녀나 나나 어디선가 '날아온 돌'과 같은 존재로 서로를 의지하게 되었는지도 모른다. 하지만 자기 자식을 낳아 보지 않은 처녀 가슴의 그녀는 그런 내가 부담스러웠을 거라는 것을 어른이 된 후에야 알게 되었다. 그녀는 때로는 친절했고, 때로는 그녀의 울음을, 때로는 그녀의 고통을 폭우(暴雨)처럼 자그마한 나에게 쏟아 부었다.

그녀와의 특별한 기억은 없다. 워낙 성품이 고요했고 장식

품처럼 살아감이 약속되었던 그녀는 늘 있는 배경처럼 존재했다. 다만 그녀가 아끼던 반지를 가지고 장난치며 놀다 잃어버린 기억이 있는데, 그녀는 그 반지를 찾기 위해 미친 듯이 뒤지고 다녔다. 보랏빛 구슬에 빛에 따라 고양이 눈을 연상시키는 선이 그어진 반지였다.

나는 빠른 성장을 했고 그녀는 그렇게 그녀의 삶을 살았다. 일본에서 대학 생활을 할 때, 그녀는 간암으로 세상을 떠났다. 43살. 지금의 내 나이에도 못 미치는 삶을 살다 갔다. 그녀가 생을 마치고 난 뒤, 짐을 정리하면서 나는 보라색 반지를 챙겼다. 어린 시절 그녀와의 추억이 새삼스러웠다기보다는, 그녀가 어느 보석보다 귀히 여긴 것이니만큼 그 반지가 최고의 보석일 거라는 속마음이 있었는지도 모른다. 학기 중 장례였던 까닭에 마지막 사십구재에나 다시 참석할 수 있었고, 나의 손가락에는 그 보라색 반지가 있었다. 그 반지를 본 그녀의 막냇동생인 나의 외삼촌은 그것이 내 아버지가 그녀를 처음 만나러 갔을 때 준 반지, 즉 아버지가 그녀에게 청혼할 때 준 반지라는 것을 일러주었다. 나는 그녀를 불쌍히 여기기도 하고 때로는 경멸하기도 했다. 자기 자식 한 명 없이 돈에 팔린 삶. 또 다른 이름으로 새장 안에 갇힌 삶을 살아가는 나의 모습을 보는 듯한 두려움에, 나는 성장하면서 그녀를 멀리하게 되었는지도 모른다. 그녀의 죽음이 그렇게 슬프지 않았던 것은 그녀가 내 삶을 차지한 부분이 적었다기보다, 어쩌면 그녀의 삶이 그러했듯 내게도 그녀는 철마다 바꾸는 커튼처럼 배경에 지나지 않았기 때문인지도 모른다.

시간은 변함없이 흘러갔고 삶의 비탈길을 달릴 무렵, 돈이 급해졌다. 처분할 수 있는 것들은 모두 처분하면서 그 보라색 반지까지 내어놓았다. 아버지가 해준 여러 폐물 가운데 그녀가 유독 아낀 것이니 제법 값을 받을 수 있을 거라 생각한 것이다. 하지만 그 보라색 반지는 싸구려 루비보다도 못한 헐값이었고 백금이라고 생각한 것도 백금이 아닌 멕기(도금)반지. 돈으로 바꿀 수 없는 것이었다. 참 허망한 꼴이 되었다. 헛헛한 웃음으로 무안함을 감추며 보석상을 나왔지만 시골 처녀에게 바친 아버지의 순정이 한순간도 진실하지 못했다는 잔혹함에 몸을 떨었다. 그녀가 살아간 삶만큼의 시간이 흐른 지금, 그녀와 그녀의 보라색 반지를 떠올려 보니 그녀에게만큼은 단순한 반지가 아니라 '아버지를 향한 그녀의 사랑'이었음을 깨닫는다. 그 외로움과 수욕의 시간을 견디게 한 것은 그녀 동생들의 뒷바라지도, 부모님을 위한 밭떼기에 대한 보상도 아닌, 한 남자를 향한 한 여자의 사랑이었다는 것을. 그녀는 두메산골 그 순박한 첫 가슴으로 아버지를 만났고, 아버지가 만들어

준 그 우주 속에서 자신의 삶을 힘 있게 살아냈다. 비싼 금은보석에 둘러싸인 삶 속에서 그녀가 지키고자 했던 도금 보라색 반지. 그것이 그녀의 사랑이고 순수였는지도 모른다. 다른 이들보다 짧은 삶을 살고 간 그녀가 오늘도 늙지 않은 아름다운 얼굴로 기억되는 것은 그녀의 사랑 때문은 아닐까?

그녀의 나이만큼 여자의 삶을 살고 보니 이전에는 보지 못했던 그녀의 삶이 눈에 들어오고 이해할 수 있게 된 것들이 있다. 다만 열심히 살아왔을 뿐 부끄러움 가득한 내 삶이 언젠가는 내 딸이 내 나이만큼 먹어 나를 기억할 때 지금의 나처럼 조금은 더 다가온 가슴으로 나를 읽어 주기를 소망해 본다.

무엇보다도 뜨겁게 서로 사랑할지니 사랑은 허다한 죄를 덮느니라.
― 베드로전서 4장 8절

나의 어머니

그녀가 죽었을 때,
사람들은 그녀를 땅 속에 묻었다.
꽃이 자라고 나비가 그 위를 날아간다.
체중이 가벼운 그녀는
거의 땅을 누르지 않았다.
그녀가 이렇게 가볍게 되기까지
얼마나 많은 고통을 겪었을까.

- 베르톨트 브레히트 시집「살아남은 자의 슬픔」중에서

꽃상여

"이제 가면 언제 오나 오실 날이나 일러주오."
"에헤 에헤헤헤~"
"북망산천 머다더니 내 집 앞이 북망이라."

죽음(북망산천)이 먼 곳의 일이 아니라 바로 우리 앞에 가까이(내 집 앞) 있다고 요령잡이가 선창을 한다. 엄마의 관은 투병하던 밤나무가 있던 선산 암자에서 꽃상여로 옮겨놓였다. 꽃상여는 나무로 짜인 격자판 위에 절에서나 봄직한 알록달록 단청 무늬의 직각 평면들로 가마 모양을 이루었다. 가마 위에는 얇은 한지로 된 화려한 꽃과 색색의 줄이 파도 모양으로 이어진다. 이처럼 원색적인 것은 본 적이 없다. 죽음보다 더 강렬한 색감이 주는 충격. 오돌오돌 돋는 살갗으로 죽음의 공포가 내 앞에 있음을 본다. 적지 않은 수의 상여꾼들이 어깨에 상여를 멘다. 그들은 몇 걸음 걷다 무슨 일인지 자주 멈추었고, 그들의 걸음이 멈출 때마다 아버지는 부지런히 끈에 종이돈을 꿰어 매달았다. 짤랑짤랑. 요령잡이의 종소리보다 "아이고 아이고" 과장된 애도의 목소리가 커지면 영정사진을 든 장남도 그 뒤를 따르는 이들도 마치 슬픔의 감정이 전염되기라도 하는 듯 더 크게 곡소리를 냈다. 암자에서 시작된 그 슬픔의 행렬은 다리를 건너고 밭을 지나 막 걸음을 배운 아이처럼 위태롭고도 느린 걸음을 걸었다. 상여는 슬픔을 원료 삼아 그 슬픔이 다할 때까지 미리 파둔 묏자리를 향했다. 사토장이들이 묏자리를 빙빙 돌며 엄마를 아프게 밟았다. 어른들은 오히려 야무지게 밟아 달라 했지만 그 누르는 발의 무게를 나는 가슴으로 느꼈다. 어느새 엄마는 봉긋 오른 봉분 아래에 물기 빠진 작은 몸을 뉘었다. 아버지는 시대를 앞서 살았다. 서양 문화를 즐기셨고, 좋아하셨다. 그런 아버지가 왜 굳이 엄마를 꽃상여에 태우셨을까?

장례를 마치고 한동안 클래식을 즐겨 들으시던 아버지의 소니 CD 플레이어에서 이미자의 목소리가 들리기 시작했다. 간혹 눈물을 흘리기도 하시면서 조용히 감은 눈으로 아버지는 끝나지 않은 엄마와의 이별을 하고 계셨다. 시간이 지나자 아버지는 반주가 없이도 노랫말을, 때로는 노랫말이 사라진 허밍으로 음만을 흘려보내며 자신의 몸에 새겨진 엄마의 흔적을 흘려보냈다. 아버지가 돌아가시고 얼마 후 불현듯 아버지의 허밍과 읊조리던 가사의 몇 마디가 떠올라 이미자의 노래를 검색했다. 그때는 그렇게 음을 외울 만큼 들었던 노래였건만 한 번도 가사가 귀에 들렸던 적이 없었기에, 무슨 내용인지조차 가늠해 보지 않았다.

아씨   — 이미자

옛날에 이 길은 꽃가마 타고
말 탄 님 따라서 시집가던 길
여기던가 저기던가
복사꽃 곱게 피어있던 길
한 세상 다하여 돌아가는 길
저무는 하늘가엔 노을이 섧구나

노래를 듣는 순간 내가 떠올린 것은 엄마의 꽃상여였다. 옛날에는 "꽃가마 타고 시집와서 꽃상여 타고 저승 가는 것이 여자의 일생"이라고 말했다. 엄마는 동생들의 뒷바라지와 친정의 몇 마지기의 밭떼기를 위해 재취 자리로 들어와 자기 자식 한 명 없이 아버지 자식들을 키웠다. 엄마의 인생은 여자로서 외롭고 힘든 자기 자신은 돌보지 못한 삶이었는지도 모른다. 아버지는 그 고마움을 엄마가 마지막 가는 길에 전하고 싶었던 것일까? 꽃가마 타고 시집오지 않았지만 가는 길만큼은 화려한 꽃상여로 엄마와 이별하려는 아버지의 마음이 애달프게 와닿는다. 애달픔으로 엄마를 보낸 아버지는 정작 낯선 이국땅에서 돌아가셨다. 자식들이 지키지 못한 임종. 섭씨 1000도의 뜨거운 불 아래 한 줌의 재로 변해 돌아오지 못한 고국 땅, 엄마의 옆자리를 그리워하는지도 모르겠다. 유한한 인생 가운데 영원할 줄 알았던 화려함도 이내 피었다 지는 꽃처럼 덧없이 사라지는 것. 어쩌면 우리가 영원을 사모하는 이유가 이 덧없음에 있는지도 모른다.

우리의 연수가 칠십이요 강건하면 팔십이라도 그 연수의 자랑은 수고와 슬픔뿐이요 신속히 가니 우리가 날아가나이다.

– 시편 90편 10절

휘파람을 부는 언니

우울에는 이유가 없다. 단지 비가 오는 것만으로도, 부는 바람에 잔가지가 부딪히는 소리만 들어도 가슴에는 구멍이 하나 생겨 휘요오 바람 소리가 난다. 예민함을 평생 달고 살았으니 이런 자신에게 익숙해질 만도 하건만 세상에서 가장 낯선 존재가 나 자신이다. 이런 날엔 영혼에 대한 갈망이 깊어진다. 슬픔과 외로움은 원초적 고독에 이어져 있다. 누군가의 품속. 바라봐 주는 시선은 있건만 나의 감긴 눈으로 자신의 내면만을 바라보게 되는 그 무엇. 성경을 꺼내 읽기보다 시집을 꺼냈다.

시인의 눈을 통해 피조세계를 본다. 그들의 맑은 영혼은 사람의 삶이 자연과 비교해 보잘것없는 존재라는 것과 세상의 모든 삶이 얼마나 비루한 것인지 일깨운다. 다른 이들보다 창조주가 허락한 예민함으로 자연을 보고, 세상을 보고, 절대고독 속에서 말을 체에 고르듯 길러낸 그들이 참 고맙다. 그러고 보니 성경의 기록자들도 시인이 많았구나. 한 줄의 시문에 마음이 폭 묻혀서 시공을 뛰어넘은 위로를 느낀다.

일가친척이라곤 찾아볼 길 없는 내게도 오빠랑 언니가 있다. 그런데도 나는 왜 혼자일까? 배가 다르다는 것이, 이복형제로 자라남이 이다지도 무심한 세월을 보내게 하는 것일까? 부도 후 무너진 친정은 남보다도 더 못한 남으로 만들어 놓았다. 오빠는 미국으로 야반도주, 몇 년 만에 만난 언니는 꽤 잘 나가는 무속인이 되어 있었다. 언니와 나. 크기만 다를 뿐 무척이나 닮았다는 말을 많이 들었다. 부인할 수 없는 유전자. 얼굴 한복판의 커다란 코가 속일 수 없는 아버지의 자식임을 증명했다. 그런데도 오목조목 예쁘게 생긴 언니는 인형 같다는 말을 들었다. 함께 걸어가면 언니는 "예쁘다"라는 말을 들었고, 예쁘다는 말을 기대한 나는 "잘생겼다, 시원하다"라는 말을 들었다. 여자는 예뻐야 하고 남자는 잘생겨야 한다는 이분법적 표현에 익숙한 나는 그런 말을 들을 때마다 내가 여자인 것이 싫었고, 그때마다 나는 용감해져야 할 것만 같았다.

다른 사람에 비하여 결코 크다 말할 수 없는 나였지만, 언니는 나보다 훨씬 작고 가냘펐다. 계절마다 감기를 달고, 병치레가 잦은 나였지만 언니보다 크고 튼튼한 아이로 인식되었다. 맞다. 나는 잘생기고 건강해야만 하는 선 머슴애였고 언니는 하늘하늘 가녀린 천상 여자였다. 아버지의 모든 염려와 사랑을 독차지했던 언니. 내가 교회만 가면 아버지께 고자질해 낭패를 보게 했던 언니. 그랬던 언니의 마지막 모습은 퉁퉁 부은 몸과 뿌옇게 뜬 얼굴이었다. 놀란 나에게 언니는 이렇게 말했다. "굿하고 나면 이렇다. 좀 있으면 원래대로 돌아온다."

한 피 받아 이 땅에 태어나 성장기를 함께 보낸 나랑 쌍둥이 같은 언니는 지금 무엇을 하고 있을까? 얼굴을 보지 못한 지 10년이 넘어간다. 난 언니에게 연락을 하지 않는다. 언니가 모신 신들의 그림과 뽀얀 향 그림자와 메케한 불내가 나던 작은 방. 나는 불편하게 빠르게 뛰는 가슴과 자꾸만 마려워지는 요기에 어디다 눈을 둘지 몰랐고, 마침 받은 손님의 점을 치며 언니는 휘파람을 불었다. 하지만 그날따라 점이 되지 않았다. 언니는 나에게 오지 말라는 말은 하지 않았다. 다만 이렇게 말할 뿐이었다. "같은 하늘 밑, 주어진 삶 최선을 다해 살면 되는 거 아니겠나. 너나 나나 부모 복 없는 건 어쩔 수 없고, 재운이 있는 것도 아니니 몸뚱이로 부딪히며 살아야지. 너 하나 살기도 어려운데 애들은 뭐하러 네가 키우노. 다 네 선택이니 어쩌겠노…. 그것도 다 네 업이다."

그날 이후 언니를 만난 적 없다. 그래도 난 가끔 언니가 그립다. 반쪽이라도 같은 피를 이어받은 혈육이 사무치게 그립다. 이 세상에서 혼자라는 게 참 싫다. 언니의 전화번호가 바뀌지 않은 것이 얼마나 감사한지. 나는 오늘도 언니의 카톡 프로필 사진을 통해 내 식구, 내 친정의 한 귀퉁이를 마주한다. 바뀌는 사진을 훔쳐보며 언니의 안부를 짐작하지만 내 손가락의 움직임은 거기까지. 언니와 나. 우리의 자라온, 살아온 삶에 때 아닌 설움이 찾아든다. 얼굴을 볼 수는 없어도, 빌어 온 배는 다르다 할지라도 이 지구상, 한 핏줄인 그 누군가가 존재하는 것만으로도 혼자가 아니기에 이 저녁 언니의 안부를 가슴에 묻는다. "언니야. 볼 수 없어도 건강하자." 이상하니 서러워지는 밤이다.

형제자매 　　　　　　— 박태강

한 핏줄에서 태어나고
같은 엄마 젖으로 자란 형제
개성은 달라도 형질이 동일한 형제여!

너, 나 없이
나누고, 다투고, 싸우면서
성장한 우리
방향이 달라 헤어져도

언제나 부모님이 그리웁고
형제가 생각나
만나면
옛날로 돌아가는 우리는 피붙이!

세월의 등을 타고 멀어져도
어버이는 안 계셔도
어릴 때 모습 그대로인 형 동생

옛일 떠올리며 울고 웃는 우리
세월의 나이테가
안면을 繡(수)놓아도

부모 모습 닮은 형제들이
옛 얘기 부모 이야기 꽃피우는
우리는 형제자매

나의 몽블랑

어릴 적 아버지의 양복 안주머니에는 언제나 만년필 하나가 꽂혀 있었다. 아버지의 출근 준비는 만년필을 포켓에 꽂음으로 완성되었고, 아버지의 귀가는 책상 위에 만년필을 반듯이 내려놓는 것으로 마무리되었다.

"남자는 넥타이와 만년필로 지위를 알 수 있고 여자는 핸드백으로 삶을 알 수 있다."

이렇게 말씀하셨지만, 그 말씀을 이해하기에는 나이가 어렸고, 오늘날에는 케케묵은 아날로그적 사고방식이 되어 버렸는지도 모른다. 하지만 그때의 아버지를 떠올려 보면 그 모습이 얼마나 낭만적이고 멋있었던지. 아버지께서 만년필을 그렇게 애지중지한 것은 멋의 완성, 사나이의 품격이기도 했지만, 만만찮은 만년필의 가격 때문이었다는 것을 성인이 되어 한두 개씩 갖게 된 명품으로 알게 되었다.

손으로 쓰는 것보다 워드로 작성하는 것이 보편화된 오늘이지만, 글 꽤 쓴다는 작가들 사이에서는 아직도 꿈의 필기구, 로망으로 여겨지는 것이 있다. 바로 아버지가 갖고 계셨던 '몽블랑 만년필'이다. 몽블랑은 만년필에서 시작해 지금은 시계 가죽 제품 등을 생산하는 독일의 럭셔리 브랜드가 되었다. 정밀한 작업이 요구될수록 오차가 생기는 사람의 손보다 컴퓨터 프로그램을 이용하게 되지만, 몽블랑은 오늘까지도 장인 정신을 담아 뛰어난 품질의 제품을 수작업으로 생산하고 있다. 처음부터 몽블랑으로 불렸던 것은 아니다. 1909년, 알프스에서 가장 높은 산의 이름을 따서 '몽블랑(Montblanc)'이라는 브랜드로 판매하기 시작했다. 오늘날 몽블랑은 명품 중의 명품, 필기구의 귀족, 황제로 자리매김했다.

어린 나에게는 굵고 무겁게 느껴졌던 만년필. 아버지에게 몽블랑은 가장으로서의 무게와 책임감과 더불어 그 시대를 살아 낸 아버지라는 이름이었는지도 모르겠다. 아버지의 서재에 들어설 때면 몽블랑 만년필을 채우던 잉크 냄새와 한지로 만들어진 고서적이 뿜어내던 아련한 향기가 났다. 그것은 전쟁과 보릿고개, 민주화 투쟁의 길을 타향에서 홀로 고군분투 살아온 아버지의 향기다. 그리고 그 향기는 아버지만큼 치열하게 삶을 살아내지 못하는 부끄러운 딸이 아버지를 그리워하는 향기다.

48번째 생일 선물로 크리스털 볼펜 한 자루를 받았다. 인도네시아로 간 큰 아이의 선물이다. 한 통의 편지. 한 자루의 볼펜. 깨알 같은 글씨로 적어 내려간 딸아이의 마음이 가슴에 스며든다.

꽃같이 여리고 예쁜 우리 엄마의 마흔여덟 번째 생신을 축하해요. 아무도 제 나이로 보지 못하는 엄마의 나이를 말한 이유는! 함께한 23번의 생일날에 내가 뭘 드렸나 생각이 나지 않아서 지금부터라도 기억하며 챙겨 드리려고.

혼자서 모진 인생길을 살아야 했을 때 견뎌낼 수 있었던 유일한 이유는, 버팀목이 되어 준 딸 때문이었다. 10살의 자그마한 손을 쥐고 그 작은 어깨를 의지해 걸어왔던 10여 년. 서둘러 마음이 자란다고 미처 자라지 못한 자그마한 몸으로 견뎌 준 시간이 아프게 지나간다. 대학원과 사역으로 바쁜 엄마를 대신해 동생들까지 책임져야 했던 보상받지 못할 시간. 딸아이가 정성껏 고르고 고른 볼펜은, 힘들고 불평과 불만이 가득할 수밖에 없는 그 시간에 대한 원망이 아닌, 엄마를 챙겨가려는 때 이른 인생의 무게가 담긴 딸아이의 모습이다. 아버지의 몽블랑 만년필에 딸애의 크리스털 볼펜이 겹쳐 보인다. 눈 덮인 스위스의 몽블랑 산. 그 산보다 더 높은 딸아이의 사랑. 그 사랑은 오늘도 살아야 할 이유가 된다.

그해 가을이 다습게 익어가도
우리 집 감나무는 허전했다
이웃집엔 발갛게 익은 감들이
가지가 휘어질 듯 탐스러운데

학교에서 돌아온 허기진 나는
밭일하는 어머님을 찾아가 징징거렸다
왜 우리 감나무만 감이 안 열링당가

응 해거리하는 중이란다
감나무도 산 목숨이어서
작년에 뿌리가 너무 힘을 많이 써부러서
올해는 꽃도 열매도 피우지 않고
시방 뿌리 힘을 키우는 중이란다
해거리할 땐 위를 쳐다보지 말고
밭 아래를 지켜봐야 하는 법이란다

그해 가을이 다 가도록 나는
위를 쳐다보며 더는 징징대지 않았다
땅속의 뿌리가 들으라고 나무 밑에 엎드려서
나무야 심내라 나무야 심내라
땅심아 들어라 땅심아 들어라
배고픈 만큼 소리치곤 했다

- 박노해, 〈해거리〉 중에서

해거리 중입니다

열매를 잘 맺던 나무가 어느 해 갑자기 열매를 맺지 않는다. 열매를 맺지 않고 그 해를 거른다고 그것을 '해거리'라 한다. 열매를 잘 맺더니 왜 갑자기 열매를 맺지 않을까? 다른 나무를 보면 주렁주렁 열매가 달려 있다. 날씨가 나빴던 것도 아니고 토양이 바뀐 것도 아닌데 이상하다고 생각할 수밖에 없다. 하지만 나무는 종종 그런다. 그 이유를 나무 박사들은 단순하게 답을 한다. '살아남기 위해서'라고. 나무의 영광은 열매에 있다. 나무 역시 열매를 맺기 위해 모든 에너지를 쏟는다. 하지만 여러 해에 걸쳐 열매 맺는 데만 온 힘을 쏟으면 나무 안의 자생력은 사라지고 기력을 다하게 된다. 그런 까닭에 나무는 해거리를 통해 한해 열매 맺기를 포기함으로 자생력을 키우고 헐거워진 뿌리를 단단히 한다. 자연에서 배우는 삶의 지혜다.

사역하면서 좌우명이 되었던 말이 있다. "녹슬어 버려지는 못이 아니라 닳아서 버려지는 못이 되자." 아무 일도 하지 않고, 편안함만 추구하다 파랗게 녹이 끼는 것이 아니라, 너무 많은 일을 해서 그 쇠못이 닳아 없어질 만큼 죽도록 사역하자는 것이었다. 많은 목회자가 그렇게 사역을 해왔다. 가정도 자녀도 돌보지 못하고 오로지 성도와 교회를 위해 자신의 몸을 바쳐 달려온 믿음의 선배들이 얼마나 많은가? 나 역시 그러고 싶었다. 나 같은 사람에게 사역의 기회가 주어졌다는 것, 주의 나라를 위해, 주님의 몸 된 교회를 위해, 믿음의 다음 세대를 위해 이 일을 할 수 있다는 것만으로도 감사의 제목이요, 온몸을 바칠 마땅한 이유였다. 교회도 그것을 요구했고, 사역이 사역을 불렀다. 아무것도 하지 않으면 할 일이 없지만 하나둘 일을 하기 시작하고 돌아보기 시작하면 끝도 없는 일이 사역이 아닐까? 교회 청소년사역은 위기청소년사역과 건전한 청소년사역으로 나눌 수 있는데, 낮에는 위기청소년사역을, 저녁에는 학교와 학원심방을 하니 날마다 새벽 1-2시가 되어야 마치게 된다. 친구초청잔치, 학교별 기도 모임, 문화의 밤, 토요기도회, 청소년 제자훈련 등 다양한 활동을 통해 아이들과 만나고 끈들을 이어나갔다. 몇 가지 규칙 아래(밥을 먹으면 반드시 설거지한다, 남녀가 한 방에 들지 않는다) 24시간 집을 오픈했고, 아이들은 오가는 길에 배가 고프거나 쉬고 싶을 때 집에 와서 밥을 먹었고, 잠을 잤다. 교회 행정은 행정대로 처리하고 주일 설교를 했다. 쉬고 싶을 때도 있었고, 수액을 맞아야만 일어설 수 있을 만큼 버거울 때도 있었다. 그런데도 주님이 사용하실 때 자신을 내어 드려야 한다는 담임목사님의 말씀에 철저히 순종했고, 성장하는 아이들과 부서를 볼 때 내 안의 욕심들이 꿈틀거렸음을 부인할 수 없었다.

청소년 자살 예방세미나에서 남편을 만나 재혼을 했다. 교회에 재혼 소식을 말하자 담임목사님은 반대하셨다. 가정이 생기면 지금처럼 사역에 전념할 수 없다는 것이 이유였고, 재혼할 것이면 사역을 내려놓으라고 하셨다. 결국 결혼을 앞두고 조기사임을 했다. 달려온 시간이 참 허망했다. 모든 것이 무너지고 모든 것을 잃어버린 듯했다. 닳아서 없어지기 전에 뽑혀 버린 못이 되어 버린 것이다. 사역을 내려놓자 온몸이 아프기 시작했다. 그간의 긴장이 풀려서 그런 거라 생각했다. 얼마 지나지 않아 찾은 병원에서 가슴에 경계성 종양이 발견되었다. 자신의 몸을 돌보지 않고 주의 일을 한다고 살아온 시간의 결과가 종양이라니 하나님께도 버려진 듯했다. 미친 듯이 달려온 사역의 걸음들이 결국 하나님 나라를 위한 것이 아닌 사람의 성공을 위한 것이었던가. 그동안의 나의 모든 사역이 부정당하는 것 같은 마음에 죽고만 싶어졌다. 그때 내게 다가온 음성이 있었다.
"그래서 멈추게 한 거야."

맞다. 결혼을 하지 않고, 아니 조기사임을 당하지 않았다면 내가 병원에 갔을까? 조기발견이라 간단히 떼어낼 수 있었지만 조금만 더 시간이 지났으면 결코 간단히 끝날 일이 아니었다. 재혼에 대한 불안도, 사임에 대한 아픔도 모든 것이 하나님의 은혜 안에 있다는 것을 다시금 깨닫는다. 나무에 더하신 해거리의 지혜를 나는 몰랐다. 하나님께서는 분명 나무보다 나에게 더 큰 지혜를 허락하셨을 터인데도 말이다. 이제는 조급해하지 않기로 했다. 당장 열매 맺지 못하고, 지금 사역의 현장에 서 있지 않다고 할지라도 "나는 해거리 중입니다"라고 말한다. 지금은 소진한 나의 모든 것들을 다시금 재충전해야 할 시기. 영적으로 방전된 나를 돌아보고 영적 깊이를 더해 가야 한다. 망가져 버린 내면을 추스르고 헐거워진 믿음의 뿌리를 튼튼히 세워 가야 한다.

나는 지금 말라비틀어진 섬김의 손과 발에 내면의 깊이를 더해 가는 해거리 중이다.

나의 가는 길 주님 인도하시네
그는 보이지 않아도 날 위해 일하시네
주 나의 인도자 항상 함께하시네
사랑과 힘 베푸시며 인도하시네
광야에 길을 만드시고 날 인도해
사막에 강 만드신 것 보라
하늘과 땅 변해도 주의 말씀 영원히
내 삶 속에 새 일을 행하리

- 마커스워십, 〈나의 가는 길〉

여름이 지나간다

"당신 김치 국밥 먹어 본 적 있어요?"
"응."
"점심에 김치 국밥 한 그릇 할까요?"
"으… 응."

먹는다고 하는 남편의 대답이 영 시원찮다. 그 이유를 안다. 말복이 지났다고는 하지만 푹푹 찌는 대구의 위엄을 양껏 드러낸 8월이다. 또한 김치 국밥 따위를 돈을 내고 사 먹는다니…. 남편의 사고로서는 선뜻 이해하기 어려울 거다. 그런데도 난 앞서 기억을 더듬어 남산동 골목을 향했다. 분명히 이 근처였는데 잘 기억이 나지 않는다. 가게 이름을 도저히 기억해 낼 수가 없다. 앉은 자리만은 분명하건만 왜 이다지도 이름에 약한지…. 가게가 앉았던 자리만을 더듬어 문을 열었다. 맞다. 7년 전 비 오던 날, 교회 권사님과 함께 왔던 가게가 맞다.

"이모, 김치 국밥 될까요?"
"아이고 비도 안 오는데 무슨 김치 국밥? 어제 한 잔 했는가 보네. 만들어 줄게."

마른 날. 삼복더위가 가시지 않은 이 땡볕에 뜨거운 김치 국밥 2그릇을 주문했다. 30분은 족히 기다려 김치 국밥이 놓였다. 그 옛날 먹었던 김치 국밥과는 비교할 수 없는 정갈한 일품요리다. 차가운 에어컨 바람으로 그릇에서 피어난 온기가 춤을 춘다. 온기는 에어컨 바람에 연신 춤을 추며 시간을 넘는다. 나는 어느새 한여름의 태양 아래 붉게 그을린 어린아이가 되어 엄마와 함께 뜨거운 부엌 열기 속에 서 있다.

비가 오려는지 습기 머금은 바람이 불었다. 얼마 지나지 않아 먼 하늘에서부터 소리가 인다. 갑자기 어두워진 하늘에서 강한 빛줄기가 내린다. '후두두' 지붕을 때리는 굵은 빗줄기. 요란한 소리만큼 나무들의 흔들림도 커진다. 짙은 흙냄새. 그 흙냄새 뒤에는 비릿한 바닷내가 따라온다.

"멸치 대가리 따고 똥 빼라."

엄마는 중지보다도 큰 멸치 한 그릇을 내민다. 여린 손끝을 찌를 만큼 뼈가 굵은 놈들이다. 손이 아프다고 엄살을 떤다. 엄마는 빙긋 한 번 웃으며 멸치를 빠른 속도로 다듬는다. 엄마는 다듬은 멸치를 냄비에 넣고 육수를 낸다. 내 손에 다시금 건네진 건 콩나물 한 소쿠리.

"대가리는 떼지 말고 꼬리만 자르고 골라라."

오늘 안에 끝날 것 같지 않은 콩나물 다듬기. 지루한 장마의 시작. 더 지루한 콩나물 다듬기. 게으름이 묻은 느려터진 손놀림 사이로 마지막 남은 김장김치의 시큼한 냄새와 거드는 엄마의 손이 따라온다.

"또 김치 국밥이야?"
"여름에 이만한 보신이 없다."
"난 싫은데…."

엄마는 내가 싫은 것과는 상관없다. 짙은 멸치육수에 김치 한쪽을 썰어 폭폭 끓인다. 거기에 밥을 넣고 콩나물을 넣는다. 그리고 푼 달걀을 넣는다. 그릇에 담아서 마지막으로 참기름 한 방울. 고소한 향기가 김치의 시큼함을 누르고 온 방을 채운다. 그렇게 장마가 시작되고 장마가 끝나기까지 몇 차례나 물리도록 김치 국밥을 먹었다. 엄마가 여름 보신으로 내어놓는 김치 국밥은 내게는 '꿀꿀이 죽'으로 보여 먹기가 싫었다. 손가락 아리게 다듬던 멸치도, 시간을 느리게 흐르게 만드는 마법 같은 콩나물 다듬기도 절대절대 먹지 않을 거라 다짐하게 만든 이유였다.

엄마 나이만큼 먹은 어느 날. 몸이 몹시도 아리고 아팠다. 비를 맞은 탓인지 몸도 마음도 한기가 들어 여름임에도 보일러를 틀었다. 그래도 따뜻해지지 않는 그 무엇. 그때 엄마의 김치 국밥이 떠올랐던 것은 우연이었을까? 멸치를 끓이는 수고도 없이, 여름 다 되도록 버틴 김장김치도 아닌 설익은 김치로, 난 국밥을 끓였다. 여전히 다듬기 귀찮은 콩나물도 넣지 않았다. 엄마가 끓여 준 김치 국밥보다 가볍고 엷은 맛의 국물을, 빨간 김칫국물이 밴 밥알을 호호 불며 남기지 않고 먹었다. 딸에게 조금이라도 영양을 더하기 위해 멸치 배를 따고, 콩나물을 다듬고, 달걀을 풀어 고소한 참기름을 둘러 준 엄마. 덥다고 함부로 먹은 차가운 음식에 배앓이를 할까 자주자주 따뜻한 국밥을 먹게 한 엄마는 시큼시큼한 삶을 살아가며 기운 잃지 말라고 따뜻하고 고소한 김치 국밥으로 다가왔다.

그 이후로 나는 가끔 김치 국밥이 먹고 싶다. 오늘처럼 말이다. 국밥 한 그릇을 두고 식기를 기다리며 난 남편에게 어릴 적 추억을 풀어놓았다. 남편은 웃으며 맛있게 먹는다.

신은 모든 곳에 있을 수 없어 엄마를 우리에게 보냈다고 했던가? 부모를 통해 하나님 아버지의 사랑을 조금은 알 수 있게 되는지도 모른다. 계산하지 않는 사랑, 조건이 없는 그 사랑을 말이다. 자랄 때는 미처 깨닫지 못했지만 시간이 지나 돌아보면 곳곳에 스며 있는 부모님의 사랑을 깨닫게 된다. 마치 말씀을 깨달아 나감으로 알게 되는 하나님의 사랑처럼 말이다. 일상에 스며 있는 하찮게 여겨지는 그 사랑이 어쩌면 가장 고귀한 사랑인지도 모른다. 의식 없이 내쉬는 한 호흡까지도 주관하시는 전능자의 성실한 사랑처럼.

화장을 지우다

무척 오랜만에 거울 속 자신을 본다. 낯설다. 최근 화장을 하는 날이 드물어졌다. 푹 퍼진 아줌마. 무엇을 해도 부끄럽지 않은, 대한민국의 제3의 성(性)이라는 아줌마가 되어 가는 것일까? 화장하지 않고도 동네 산책하러 나갈 수 있는 나의 모습에 때때로 소스라치게 놀라게 된다. 화장하지 않은 나는 전투적 삶에서 물러난 노병(老兵)처럼 무용담만을 늘어놓을 뿐, 삶의 생기(生氣)는 이미 잃어버렸는지도 모른다. 그런데도 오늘 난 거울 앞에서 꽤 공을 들였다. 정성 들인 피부화장에서부터 아이라인, 볼 터치까지 했다. 마치 마지막 전투에 부름 받은 병사처럼 결연을 다지듯, 두려움을 몰아내듯 나는 화장을 했다. 마지막으로 머리에는 평소에 하지 않는 리본 핀까지 꽂았다. 완벽하다. 스스로 흡족할 만큼 완벽한 가면을 썼다.

어젯밤 뒤척이는 당신을 모른 척했다. 당신이 애써 무덤덤하니 아무렇지 않은 듯 말했으니까. 하지만 우리 둘 너무 정직한 얼굴을 하고 있다. 이제는 우리의 비애(悲哀)를 얼굴과 몸은 감춰 주지 않는다. 말(言)은 속일 수 있으나 자신의 몸의 부대낌은 감출 수 없나 보다. 나도 이렇게 속이 상하는데 당신인들 오죽하랴…. 애써 감추던 어젯밤과 달리 아침에 마주한 남편은 내가 감당할 수 없을 만큼 자신의 감정에 솔직했다.

"가기 싫다."
"나도 보내기 싫다. 그런 자리."

비참. 우리 삶의 비참은 언제나 끝이 날까? 노회 참석을 위해 가는 길은 온통 햇빛을 받아 반짝이는 윤슬. 그 한조각의 반짝임이 눈을 찔렀다. 어쩌면 우리의 비참도 눈을 찌르는 날카로운 은빛을 띠고 있는지도 모른다. 은빛의 날카로움은 당신과 나의 가슴 속 깊은 곳을 피 한 방울 흘리지 않고, 예리하고 숙련된 솜씨로 찌른다. 우리는 우리의 심장을 도려내 주면서도 그 활극(活劇)을 느끼지 못했다. 상황 인식. 우리는 지금 우리가 놓여 있는 상황이 도저히 인식되지 않는 아이러니 속에 있는지도 모른다. 그러니 대처 능력을 기대할 수 없다. 왜 우리가 이렇게 되어야 하는 건가? 지금 우리는 도대체 왜 이렇게 살아야 할까? 누군가에게 물어보고 싶다. 당신도 나도 자신의 삶에 답할 수 있는 상태가 아니다. 무중력. 우리의 힘으로 발을 이 땅에 디딜 수 없다. 누군가 우리의 손을 잡고 허공을 맴도는 우리의 발을 다소곳이 이 땅에 내려 주기를 마음으로 갈망한다.

노회에 소속되지 않은 목사를 이름만 올려 놓을 수 없다며 노회 어른께 인사를 드리라는 전언(傳言). 그러면 한 해 더 이름을 올려 둘 수 있도록 선처해 주겠다고 했던가? 남편을 기다리며 읽으려 했던 책은 단 한 줄 읽지 못했다. 가슴이 아파서 거듭되는 잔혹에 눈물이 쏟아졌다. 이럴까 봐 정성 들여 화장을 하고 자신을 다독이며 주먹을 쥐고 나왔건만 쏟아지는 눈물은 나의 힘으로 어떻게 할 수 있는 영역이 아닌가 보다. 카페에 내려 주기 전 당신의 말이 귓가를 맴돈다.

"한 가지는 확실히 깨닫고 있어. 내가 나쁜 사람이라는 것."

왜 그렇게 서러울까. 그 말이 왜 그렇게 서러웠을까. 아마도 남편의 모습에 내 모습이 겹쳐 보인 탓이겠지. 하나님 앞에 기도할 때마다 "하나님 왜 저에게 이런 삶을 살아가게 하십니까? 지금 왜 저는 이러고 있습니까? 건강도, 사역도, 책임져야 할 자녀에게도 아무것도 할 수 없는 이런 무가치한 삶, 이 무능한 삶으로 저를 몰아가십니까?" 기도 소리는 허공을 맴돌 뿐 침묵하시는 하나님. 그럼 나는 혹 상처 입힌 성도는 없었는지, 나로 인해 시험에 빠진 아이들은 없었는지, 동역하는 이들과 불화한 일들은 없었는지 살피고 또 살피게 되어서 결국은 '다 내가 잘못했구나' 나의 악함만을 발견하게 된다. 우린 왜 이렇게 모질지도 못하고 뻔뻔하지도 못한 것일까?

생각보다 남편은 일찍 돌아왔다. 무슨 일이 있었는지 묻지 않아도 그냥 당신의 피곤이, 당신의 비참함이, 당신의 아픔이 내 가슴에 강물처럼 스며들어 와서 제대로 말을 건넬 수가 없었다. 우리의 삶이 앞으로 어떻게 전개될까? 우린 어떤 삶을 살아가게 될까? 어쩌면 이런 물음조차 의미 없는 것일지도 모른다. 단지 지금은 하루하루 살아내는 것, 이것이야말로 우리에게 가장 큰 믿음, 증명해 보여야 할 믿음의 삶이다.

침묵하시는 하나님께서는 오히려 이렇게 질문하고 계신 지도 모른다.
"너는 이런 일상을 살아갈 믿음이 있느냐?"
"아직도 너의 힘으로 살아갈 수 있다고 생각하느냐?"

어쩌면 아직도 감추고 싶은 나의 모습을 화장으로 감추고, 하나님 앞에서 나의 성실로 무엇인가 할 수 있다고 가면을 쓰고 있는지도 모르겠다.

다시 밤이다. 화장을 지워야 할 시간이다. 바라기는 그분 앞에 채 지워내지 못한, 화장으로 켜켜이 쌓인 노폐물까지 지워내는 밤이 되기를 소망해 본다. 두려움 없이 민낯으로 아버지 하나님을 마주하고 싶다.

여호와는 은혜로우시며 긍휼이 많으시며 노하기를 더디 하시며 인자하심이 크시도다. 여호와께서는 모든 것을 선대하시며 그 지으신 모든 것에 긍휼을 베푸시는도다.

- 시편 145편 8-9절

낮에 나온 반달 — 윤석중 작사, 홍난파 작곡

낮에 나온 반달은 하얀 반달은
햇님이 쓰다 버린 쪽박인가요
꼬부랑 할머니가 물 길러 갈 때
치마 춤에 딸랑딸랑 채워 줬으면
낮에 나온 반달은 하얀 반달은
햇님이 신다 버린 신짝인가요
우리 아기 아장아장 걸음 배울 때
한 짝 발에 딸각딸각 신겨 줬으면
낮에 나온 반달은 하얀 반달은
햇님이 빗다 버린 면빗인가요
우리 누나 방아 찧고 아픈 팔 쉴 때
흩은 머리 곱게곱게 빗겨 줬으면

낮달

며칠 전 바라본 하늘에는 낮달이 걸려 있었다. 손 사진기로는 담을 수가 없어서 눈에만 담아 가슴에 쟁여 둔 한 장의 사진이다. 오늘 문득 그날 그 애처로운 그리움이 다시금 떠올랐다. 어릴 적 곡조가 좋아 한 번 부르기 시작하니 온종일 흥얼거리게 되었던 곡임에도 그 가사를 정확하게 기억하지 못하겠다. 오늘에서야 찾아보니 낮달이 주는 애달픔이 할머니, 아기, 누나의 손에 곱게 담겨 있다. 왜 낮달이 주는 기묘한 아름다움보다 애달픔, 그리움이 남았을까를 생각해 보니 오늘 가사에서 그 답을 찾을 수가 있다.

"쓰다 버린 / 신다 버린 / 빗다 버린"

시인이 느낀 그 상실감이 내 가슴 한편에 전해져 왔다. 비록 조국을 잃은 거대한, 혹은 위대한 비장미는 아닐지라도 내 마음에 든 상실감은 낮달을 마주할 때 하얀 생채기를 가슴에 새기게 된 것인지도 모른다. 그렇다면 내가 잃어버린 것은 무엇일까?

그림자를 볼 수 없는 날은 오롯이 혼자다. 온종일 내린 비는 모든 감각을 잠재우고 온전히 청각에 의존하게 한다. 철저히 혼자인 공간에 빗소리가 의식을 지배하고 골몰하는 자아를 마주하게 할 때 비로소 내가 잃어버린 것이, 나의 상실이 '기대감', '소망'이라는 것을 깨닫게 된다. 그런데도 쓰다 버린 낮달은 다시금 어둠이 내리면 어둠을 밝히는 빛이 된다. 신다 버린 낮달도 다시금 어둠이 내리면 밤별의 동무가 된다. 그리고 빗다 버린 낮달도 다시금 어둠이 내리면 어둠에 헤매는 나그네의 길잡이가 되어 주지 않는가? 그렇다면 나의 상실은 다시금 어둠을 맞을 때 어떤 소망으로 나에게 다가와 줄까? 비가 그친 구름 가득한 밤하늘에는 달빛도 별빛도 숨을 죽였다. 너무 오랜 시간 낮 놀이에 지쳐 잠들어 버린 것인지 모른다. 나의 상실은 무엇에 지쳐 잠든 것일까? 내가 있어야 할 자리, 빛을 발할 수 있는 나의 자리를 찾지 못하고 지쳐 잠든 나를 본다. 나는 여전히 떠날 곳을 찾고 있다. 이곳에서의 의미를 상실했다고 본다. 그러나 그분의 생각은 다른 것인가? 하나님께서는 지금 서 있는 이곳에서 너에게 맡겨진 일을 하라고 한다. 남편의 사임. 홀로 이어가야 하는 사역지에서 나는 철저히 외지라 이야기하고 하나님께서는 당신의 시선이 머무는 곳이라 말씀하신다. 나는 무엇으로 답을 찾아야 할까?

산속에서 길을 잃으면 주변에 시선을 두는 것이 아니라 오직 한 곳 하늘에 시선을 두어야 한다. 흔들리는 나뭇가지, 귀를 울리는 계곡의 물소리, 멀리서 들려오는 짐승의 울음에 귀를 기울여서는 안 된다. 빛의 길을 따라 걸어갈 때 길이 열린다. 녹록치 않은 삶과 흔들리는 가정과 무너져 내린 마음에서 시선을 거두라. 눈을 들어 그분을 보고 세상을 향해서는 눈을 감으라. 무의미한 듯 흘러가는 시간의 결들이 겹을 이룰 때 엮어내는 유의미. 내 의지가 아니라 그분의 뜻대로 서 있어야 할 곳에 한 점을 이루는 것. 이것이 순종의 시작점이다.

멈추어야 할 때와 앞으로 나아가야 할 때를 정하는 것은 내가 아니다. 서둘러 장막을 걷고 떠나 눈앞의 달콤함으로 짧은 시간 행복하다 오랜 시간을 고통 속에 보낸 경험을 자주 잊어버린다. 거듭 실수하는 무지함과 포기하지 못하는 세상의 욕망이 자주 하늘의 지혜를 가리게 된다. 나이를 먹어가며 깊어지는 눈매보다는 강해지는 고집을 본다.

질긴 죄의 뿌리가 더 깊이깊이 마음자리를 파고든다. 인생에 절망해야 하는 이유와 빛을 찾아야만 하는 당위가 여기 있다. 끊임없이 절망하라. 인생에 절망할수록, 세상에 절망할수록, 헛된 기대에 절망할수록 소망의 빛은 점점 더 다가온다.

예수께서 이르시되 아직 잠시 동안 빛이 너희 중에 있으니 빛이 있을 동안에 다녀 어둠에 붙잡히지 않게 하라 어둠에 다니는 자는 그 가는 곳을 알지 못하느니라.

- 요한복음 12장 35절

기도를 잃어버린 날

빗소리에 잠을 깼다. 새벽이라 부르기에 이른 시간. 그래, 깊은 밤이다. 언제부터 비가 내렸을까? 알 수가 없다. 짧은 잠을 자고 예민함에 눈을 떴다. 다시 잠을 청해 보지만 쉬이 잠들지 않는다. 기도를 해야지. 몸을 움직여 거실로 나왔다. 기도는 입안에서만 머물 뿐 입술은 기도의 출구를 찾지 못한다. 기도해야 할 때, 정말 기도가 필요할 때 잃어버린 기도. 어디서 그 기도를 찾아와야 할까? 빗소리가 제법 굵다.

소명을 잃어버린 남편은 깊은 어둠에 잠식되어 간다. 세상은 빠르게 움직이고 자신이 은혜를 받고 헌신을 다짐하던 때와 피부로 느끼는 체감온도가 다르다. 남편은 믿음의 1세대다. 고등학교 시절 은혜를 경험하고 완도수고를 졸업해 배를 타면서 하나님을 깊이 체험했다. 믿음의 1세대를 살아가면서 가난과 기도의 뒷바라지 없이 혼자 이리저리 떠도는 목회 생활을 해온 그의 인생이 가엽다. 겸업 목사가 대세라지만 오랫동안 교회 안 사역만 해온 그로서는 다시금 세상에서 밥벌이한다는 것이 쉬운 일은 아니다. 성속(聖俗)의 구분이 있는 것은 아니다. 그러나 생계를 위해 세상을 바라보는 남편을 보고 있자니 그것도 마음이 편하지는 않다. 노동은 신성한 것이라 생각하고 몸을 움직여 정직하게 돈 버는 것을 존경해 마지않는다. 목사 옷을 벗고 노동에 뛰어드는 것이 그렇게도 어려운 것일까? 맞다. 젊지도 않은 나이. 디스크에 관절염을 앓고 있는 그로서는 육체노동조차도 감히 할 수 없는 영역이다. 그런데도 시대에 편승하여 몸을 움직이지 않고 이윤을 창출해 내는 일들은 고지식한 내가 갖는 기우인지는 모르나 경건을 지키기에 힘든 일들이다. 말씀을 잃어가는 남편의 모습에 마음 눌림은 좀체 사라지지 않는다. 나직이 주의 이름을 부르다 월터 브루그만의 기도를 읽는다. 그의 입술을 빌려, 나와 남편의 믿음 없음과 출구를 잃어버린 기도 말을 찾아본다.

그리고 기도합니다. 한 말씀만 하소서, 우리가 낫겠습니다. 한 말씀만 하소서, 우리의 몸이 기뻐 움직일 것입니다. 한 말씀만 하소서, 우리의 삶이 제자리를 찾겠습니다. 예수의 삶으로 전하신 그 한 말씀을 우리에게 들려주소서. 한 말씀만 하소서, 치유하시는 당신의 응답을 기다립니다. 우리가 당신을 기다리는 동안, 우리는 신뢰와 순종으로 당신의 질문에 답하겠나이다. 아멘.

- 월터 브루그만, 「예언자의 기도」 중에서

나는 기도를 잃어버렸고, 남편은 말씀을 잃어버린 것일까? 주의 한 말씀이면 우리의 삶이 제자리를 찾을 수 있을 터인데 남편은 어디에서부터 출구를 잃어버린 것인지 알 수가 없다. 그러나 내가 찾아줄 수도 없다. 스스로 찾아야만 하고 기대하고 바라야 하는 것이기에 지켜볼 수밖에 없음을 안다. 우리는 가장 기도가 필요한 때 기도를 잃어버리는 경우가 많다. 출구를 잃어버린 기도의 말은 쉽게 분노하고 불평과 원망을 늘어놓게 되고, 그 말들은 우리 안에서 공명하여 속사람을 갉아먹는다. 그때 필요한 것은 오히려 침묵과 기다림이다. 입을 다물면 청각이 예민해진다. 내 입술을 닫을 때 듣는 귀가 예민해진다. 바로 그때 찾아와주시는 주님을 기다리는 것이다. 우리 주님은 언제나 그러하셨다. 배신으로 얼룩진 우리가 소명을 잃어버리고 돌아간 갈릴리 해변으로 그분은 친히 찾아오셨다. 우리는 그때를 위해 우리의 기다림의 자세를 생각해야 한다. 기억하라. "내가 살아난 후에 너희보다 먼저 갈릴리로 가리라"(막 14:28). 그분의 언약의 말씀을 기억해야 한다. 그리고 입술을 열어 월터 브루그만처럼 이렇게 아뢰리라.
"주님 한 말씀만 하소서, 우리가 낫겠습니다. 주님 한 말씀만 하소서. 우리의 삶이 제자리를 찾겠습니다."

위독한 사랑

"엄마 그거 알아? 사랑을 받아 본 사람만이 사랑을 줄 줄 안다는 것?"

큰 딸의 말이 비수처럼 가슴에 박혀 온다.
삶이 슬프다.
마음이 무너진다.
사랑이 위독하다.

여자 혼자 애 셋을 데리고 사역하며 살아내는 일은 쉽지 않았다. 아무리 열심히 사역해도 사례가 오르는 것도 아니다. 은혜로 살아온 날들이었지만, 턱까지 숨은 차오르고, 삶은 여전히 살아내어야 하는 숙제다. 함께 있을 수 있다는 것! 가난으로 뿔뿔이 흩어지지 않고 이렇게 넷이서 한 지붕 아래 있을 수 있다는 것이 엄마로서 해줄 수 있는 유일한 사랑이다. '그것이 과연 최선이었을까?'라고 묻는다면 '더 열심히 무엇을 할 수 있었을까?'라고 되물을 수밖에 없다. 사역이 아닌 다른 일을 해야 했을까? 돈이 따르는 직업을 가졌어야 했던 것일까?

이혼녀로 애를 데리고 일을 한다는 것은 사회로부터, 아니 교회로부터 곱지 않은 시선 속에 있어야 함을 의미했다. 이런 시선을 김겸섭의 「사랑이 위독하다」에서는 "살피는 눈, 그것은 타인을 음해하기 위한 정보를 얻고자 그를 날카롭게 감찰하는 살의의 눈이다. 이런 눈을 혈안이라 말한다"라고 표현한다. 맞다. 그들의 눈은 무서웠고 그들의 입술은 날카로웠다. 하지만 난 아무 말도 할 수 없었다. 그렇다고 포기할 수도 없다. 내게는 지켜야 할 아이 셋이 있었으니 말이다. 더 열심히 살아야지, 더 많이 일해야지, 능력으로 인정받아야지…. 바닷가 모래사장에 새긴 글처럼 허물어질 결심들이었지만 얼마나 많이 주먹을 쥐었던가?

세상의 편견 앞에 난 생각의 균형을 잃었다. 나를 환대하지 않는 이들에게 나 또한 편견으로 그들을 사랑하지 못했다. 스스로 강해져야겠다는 생각은 또 다른 오만을 가져왔다. 그 오만은 다른 사람이 나를 사랑하지 못하게 했다. 삶의 균열이 시작된 것이다. 발이 차가워 양말을 신지 않고서는 잠을 잘 수가 없다. 그런데도 내가 '겨울'을 살아가고 있는지 몰랐다. 꽃비를 뿌리는 벚나무를 보면서도 나는 여전히 잠자리에 들면서 양말을 신고 있다. 균열이 생긴 마음에 무엇인가를 수납하는 것은 불가능하다. 특히 살을 에는 '상실'과 '소멸'은 '절망'을 가져온다. 제대로 사랑하기가 틀렸다. 사랑하기 때문에 살아야 했는데 그 살아냄이 십자가가 되어서, 자기의 죽음과 자기의 소멸이 아닌, 가장 사랑하는 아이들에게, 그들의 생명과 그들의 삶을 담보로 살아가고 있는 내가 되어 버린다. 내 삶에 절망감을 안겨준 것은 딸애의 '사랑받지 못했음'이 아닌 자신을 살피지 못하고 깨어진 내면을 가진 바로 '나 자신'이었던 거다. 마음의 균열, 낮은 자존감, 삶의 경쟁에서의 절망은 무엇으로 이겨낼 수 있을까?

돌무화과나무에 오른 키 작은 삭개오를 생각한다. 키가 작다는 열등감은 동족의 세금을 갈취하는 또 다른 폭력을 가져온다. 동족의 혈세를 빨아먹는 악귀. 제국에는 동족을 팔아버린 매국노. 열등감과 결핍을 다른 그 무엇으로 포장한다고 자신을 지킬 수 있는 것이 아니다. 오히려 드러내고 자기의 약함과 부족을 인정할 때 온전한 자아상을 가질 수 있다. 자신의 한계를 인정하고 무리하여 욕심을 부리지 않을 때, 자신을 지킬 수 있다. 불완전한 세상 속에서는 온전한 기준을 세울 수가 없다. 오직 삭개오의 변화는 온전한 그분을 만남으로 이루어진다. 그분의 무한한 신뢰 속에, 함께 거함 속에 변화가 일어났다.

삭개오가 서서 주께 여짜오되 주여 보시옵소서. 내 소유의 절반을 가난한 자들에게 주겠사오며 만일 누구의 것을 속여 빼앗은 일이 있으면 네 갑절이나 갚겠나이다.

- 누가복음 19장 8절

깨어진 자아가 그분으로 인해 온전해질 때 먼저는 자신과의 화해가 이루어지고 다른 이들과의 관계회복으로 확장됨을 알 수 있다. 살아낸다는 것은 나의 힘, 능력이 아니라, 그분으로 인하여 살아내어지는 것임을 기억해야 한다. 내게 부족한 것은 그분을 향한 나의 사랑과 신뢰가 아니었을까? 사랑이 위독하다. 그분만이 참사랑이다. 그분만이 계산되지 않은 사랑이다. 나에게 맡겨 주신 귀한 세 아이들. 그 아이들이 더 아프기 전에 그분의 순수를, 그분의 사랑을 덧입어야 할 때다.

엄마는 항상 뒤에 있다

어머님이 위독하시다는 전화를 받고 남편은 서둘러 차편을 알아보았다. 목포에서 부산까지 고속버스로 가면 꼬박 5시간은 잡아야 한다. 말없이 가방을 꾸리는 남편을 뒤로 하고 묵묵히 점심 밥상을 차린다. 한낮의 여름 태양은 맨 꼭대기 위층 우리 집 천정을 아침부터 데워 놓았고 가스불 앞에 서니 보일러 온도계에 35가 적혀 있다. 호박, 양파, 두부, 고추, 재료를 다듬고 부추 겉절이를 한다. 냉장고에 넣어둔 참나물을 데쳐서 무쳐 둔다. 이런 날 식탁은 말이 없다. 무슨 말을 할 수 있을까?

재혼한 지 5년, 난 어머님께 따뜻한 밥 한 끼 해드린 적 없다. 집으로 초대해 시간을 보낸 적도, 차 한 잔 나눈 적도 없다. 처음 남편 집으로 찾아간 날 어머님은 언제 깔아 두었는지도 모를 이미 방바닥과 하나가 되어 버린 두터운

겨울 이불에 누워 계셨다. 기동을 못하시는 것은 아니었지만 이미 경도 치매가 시작된 상태였고, 다리를 쓸 수 없는 아버님은 도움 없이는 움직이시기 힘든 상태였다. 식을 올리고 얼마 후 아버님은 다리를 사용하실 수 없어 곧바로 병원으로, 어머님은 혼자 계실 수 없어 막내 아가씨 집으로 모셨다. 얼마 지나지 않아 아버님의 퇴원으로 어머님과 함께 형님 댁 가까운 곳으로 방을 얻어 간병인을 청해 모시게 되었다.

어머님은 자주 정신을 놓으셨고, 당신이 하신 말씀을 기억하지 못하시니 몇 번이나 같은 말씀을 반복하셨다. 남편과 다른 분들은 어머님이 말씀하실 때마다 내게 "됐다. 일일이 듣고 장단 맞출 필요 없다"라고 했지만 경상도에서만 살아온 나는 호남방언을 사용하는 어머님의 이야기에 빨려들 수밖에 없었다. 어머님의 목소리는 가늘고 조금 높은 톤이었는데 말씀하실 때마다 느껴지는 리듬과 정감이 만드는 묘한 여운이 가슴에 오래오래 남았다. 어머님은 나를 "애기"라 부르셨다. 처음에는 나를 부르는 말씀인 걸 몰랐다. 하지만 분명 어머님은 나를 향해 올바른 정신으로 말씀하셨다.

"오매, 이게 누구랑가. 울 애기 오소와."

울 애기. 나는 나이 50을 바라보며 어머님의 애기가 되었다. 일찍 엄마를 여의었고 또한 재혼이라 시댁에서 어떻게 행동해야 하는지 모르는 소심한 내가 어머님의 '애기'가 되었으니 얼마나 다행인가? 어머님의 세상에서 이 세상의 모든 자식들은 어머님의 애기였다. 당신의 아들도, 당신의 며느리도, 심지어 당신의 손주들까지 당신의 아기로 가슴에 새겨 두셨다. 6남매를 당신 손으로 길러내시고 깡촌에서 4명이나 대학을 보내셨으니 자식들에 대한 자부심이 얼마나 크실까? 그 자부심은 그칠 줄 모르고 반복되는 이야기 속에 고스란히 담겨 있다.

"애기. 찬주 아빠가 을매나 똑똑한가 몰라. 나가 조도섬까지 가서 돈을 벌이 왔응게."

어머님은 방물장수로 배를 타고 작은 섬을 돌며 물건을 팔았다. 그 돈으로 밭을 사고 그 돈으로 집을 지으셨다. 그리고 그 돈으로 자식들을 키우셨다. 산을 끼고돌아 앉은 전남 강진군 마량면 하분리 작은 마을. 남편의 고생도 이만저만이 아니었다지만 6남매의 성장 뒤에는 언제나 어머니가 계셨다. 그 어머니가 나의 손을 잡고 말을 건네신다. 나의 눈을 맞추고 15년을 지금처럼 다정히 마주하셨을 또 다른 눈을 찾으신다. 앞서 보낸 며느리, 내 남편의 사별한

아내. 말하지 않아도 흔들리는 어머님의 눈동자를 통해 충분히 알 수 있다. 그 마음의 안타까움은 간절함으로, 그 간절함은 당부로 이어진다.

"울 애기 건강해야 한다. 자기 건강은 자기가 지켜야 한다. 몸이 상하면 아무것도 못한다. 너무 고생하면 안 된다. 나는 조도섬까지 가서 얼마나 고생을 했던지 몸이 다 상했다. 넌 그러면 안 된다. 스스로를 챙겨라."

누가 정신을 놓쳤다 말할 수 있을까? 어머님의 마음이 어떠한지 감히 짐작하고도 남는다. 가뭇가뭇해지는 정신 속에도 어머님은 아들의 남은 삶과 두 손자 애기들의 안위를 염려한다. 그렇게 어머님은 남편의 뒤에서 두 팔을 뻗어 여전히 안고 계신다. 총기가 느껴지는 맑고 정감 넘치는 어머님의 목소리가 나를 병풍처럼 두른다. 어머님이 말씀하신 '예쁜 울 애기'가 따뜻한 밥 한 끼 대접해 드릴 수 있게 조금만 더 버텨 주시면 좋겠다. 유난히 더운 날씨에 욕창이 심해졌다. 산소 포화율도 낮아졌다. 하지만 일생 섬을 돌며, 밭을 매며 버텨 오신 어머님의 삶의 의지를 응원한다. 조금만 조금만 더 힘내 주시기를 남편의 뒷모습을 바라보며 간절히 손 모은다.

오직 주께서 나를 모태에서 나오게 하시고 내 어머니의 젖을 먹을 때에 의지하게 하셨나이다.   - 시편 22편 9절

작은 갈대 상자 물이 새지 않도록 역청과 나무진을 칠하네
어떤 맘이었을까
그녀의 두 눈엔 눈물이 흐르고 흘러
동그란 눈으로 엄마를 보고 있는 아이와 입을 맞추고
상자를 덮고 강가에 띄우며 간절히 기도했겠지
정처 없이 강물에 흔들흔들 흘러 내려가는 그 상자를 보며
눈을 감아도 보이는 아이와 눈을 맞추며
주저앉아 눈물을 흘렸겠지
너의 삶의 참 주인 너의 참 부모이신 하나님
그 손에 너의 삶을 맡긴다
너의 삶의 참 주인 너를 이끄시는 주 하나님
그 손에 너의 삶을 드린다

그가 널 구원하시리 그가 널 이끄시리라
그가 널 사용하시리 그가 너를 인도하시리
너의 삶의 참 주인 너의 삶의 참 주인
너의 참 부모이신 하나님 그 손에 너의 삶을 맡긴다
너의 삶의 참 주인
너를 이끄시는 주 하나님 그 손에 너의 삶을 드린다
너의 삶의 참 주인
너의 참 부모이신 하나님 그 손에 너의 삶을 맡긴다
너의 삶의 참 주인
너를 이끄시는 주 하나님 그 손에 너의 삶을 드린다

어떤 맘이었을까
그녀의 두 눈엔 눈물이 흐르고 흘러

- 염평안, 〈요게벳의 노래〉

네가 돌아오기를

빗소리가 굵다.

오늘처럼 억수 같은 비가 내린 날, 한 손바닥으로도 감싸 안을 수 있는 새끼고양이와 인연을 맺었다. 죽은 것 같던 작디작은 생명체가 악착같이 살아내려는 모습을 보니 놀랍다. 큰애와 닮았다. 새끼 고양이는 모진 세상 앞에 그 악착으로 마주하고 섰다. 젖을 주지 않는 어미 고양이 앞에, 쏟아지는 폭우 앞에, 온몸으로 한기를 뿜으며 잔혹한 세상 앞에서 새끼고양이는 당당히 생명을 보존했다. 악착같이 젖병을 빨고 오줌을 싸고 똥을 눈다. 가장 기본적인 생체활동이 생명이고 삶이다. 그것만 할 수 있다면 살아갈 수 있다. 생명은 전능자의 손에 있으니 주어진 삶에 충실하는 것, 그것이 생명을 받은 자들의 최선 아니겠는가?

큰애의 생일이 얼마 남지 않았다. 삶의 굽이굽이마다 내 의지가 되어 준 친구 같은 딸이다. 세상 풍파 속에서 낙심할 때마다 아이는 말했다. "우리 엄마는 멋있다." "난 엄마 딸이라서 행복해." "엄마가 자랑스러워." "빨리 사회인이 되어서 엄마의 힘이 될 거야." "가난은 대물림되지 않아. 걱정하지 마." 내 삶의 후미진 곳, 인생의 바닥, 가장 낮은 그곳까지 딸아이의 햇살이 깃들지 않은 곳이 없었다.

그 딸이 신앙을 버렸다.

"하나님을 만나고 싶어." 혼자 힘들게 공부했던 고3 시절 아이를 견디게 한 것은 매일 읽는 성경 한 장과 묵상이었다. 딸은 당연하다는 듯 4년 성적 장학생 입학으로 하나님께 영광을 돌렸다. IVF 활동과 로고스선 봉사, 미얀마 선교 활동을 통해 어린아이들에 대한 특심한 마음으로 그 아이들을 위한 돕는 손이 되고자 했다. 엄마의 전도사 사역의 가장 큰 동역자이며, 든든한 기도의 후원자였다. 깨알같이 설교를 받아 적고 내가 낙심할 때는 적절히 말씀을 적용해 격려했다. 그 말씀대로 살아가려고 성실했다. 누구보다 믿음에 든든히 서 있다고 확신했다.

"엄마를 이렇게 불행으로 몰아넣는 하나님이라면 나는 믿지 않겠어."

"목사들의 이중성과 가식은 이제 신물이 올라와."

아무것도 물려줄 것이 없었다. 그런데도 믿음의 유산만큼은 물려줄 수 있어 이 세상 누구보다 부자라 자위(自慰)했다. 만병통치약처럼 엄마가 해주지 못하는 모든 것들을 하나님께서 해주실 거라 말했고, 너는 그것을 신뢰했기에 자기 삶의 자리에서, 나이에 맞지 않는 성실함으로 칭찬 들었다. 우린 가난했다. 그로 인해 교회 공동체 안에서 절대 약자여야 했고, 편견에 사로잡힌 감시자들의 눈을 감당해야 했다. 그럼에도 우린 감사했다. 그럼에도 우린 웃었다. 그럼에도 우린 믿음을 잃지 않았다. 목사 새아빠를 만나 완전한 믿음의 가정을 일구었다고, 든든한 울타리가 생겼다고 안도했지만, 재혼목회자 가정이라는 이름으로 새로운 교회공동체를 얻는 것은 힘든 일이었다.

교회공동체를 떠나 가정 예배를 드리는 지금, 너의 눈은 온전히 부모의 믿음을 지켜보고 있었다. 보이는 사역이 아니라, 드러나지 않았던 삶의 자리에서의 사역, 마주한 가난, 내일을 알 수 없는 가장 밑바닥에서 사역자가 아닌, 한 사람의 신앙인으로서 엄마와 목사인 아빠의 믿음의 모습을 보고 있었다. 강대상에서 쏟아내는 불같은 말이 아니라, 가정에서의 한마디 말에 귀 기울이고 있었다. 고난 속에서 하나님을 바라보는 모습을, 엄마의 입술에서 감사가 사라지고, 불평과 원망으로 침전(沈澱)되고, 난파한 배(船) 같은 나를 너는 묵묵히 바라보고 있었다. 자녀들은 지식이나 말로 배우는 것이 아니라 보는 것으로 배운다. 자녀가 바라보는 부모의 뒷모습. 부모의 그림자. 부모의 신앙. 넌 분명히 우리의 모습에서 이중적인 모습을 보았고 가식과 위선을 보았다. 신앙인으로 살아가기를 너희에게 종용하면서도 정작 말씀으로 살아내지 못하는 엄마의 유약한 말뿐인 신앙을 보았다.

너의 떠남은 너의 신앙이 부족하거나 믿음이 부족해서가 아니라 바로 나 때문이라는 것을, 엄마 아빠 때문이라는 것을 안다. 그럼에도 부끄러운 내가 창조주가 채워 주신 생명의 젖 줄기에 의지해 너를 위해 간구한다. 너의 삶의 참 주인, 너의 참 부모이신 하나님께서 너를 지켜 주시기를, 세상 속에서 방황할지라도 속히 돌아오기를….

엄마가 행복했으면 좋겠어

"엄마가 행복했으면 좋겠어."
어버이날이라고 보내온 둘째의 메시지다. 마냥 어린 줄만 알았는데 어느새 여자로서 삶을 바라본다. 어버이 은혜 감사합니다. 엄마 고마워. 이런 찍어낸 말이 아닌 딸이 엄마의 인생을 바라보고 건넨 축복의 말이 '엄마의 행복'이다. 딸애가 바라본 엄마의 삶이 결코 행복해 보이지 않았던 것일까? 온종일 이 말이 맴돈다. 행복이란 무엇일까? 얼마 전 신대원 동기와 통화를 하며 이런 말이 오갔다.

"언니, 여자의 삶은 어려서는 아버지의 그늘, 결혼해서는 남편의 그늘, 늙어서는 자식의 그늘이야. 그 울타리가 튼튼해야 여자는 어디서든 큰소리칠 수 있어. 내가 사역지에서도 여자사역자라고 무시 안 당하는 이유는 우리 아버지와 남편 덕분이야."

무슨 시대착오적인 말인 것 같지만 사실 이렇게 말할 수밖에 없는 현실이 비일비재하게 눈앞에 펼쳐진다. 특히 여사역자의 길은 남자사역자 이상의 구조적 권력체계가 있다. 아버지가 장로거나 남편이 장로일 때는 여사역자라도 담임목사님과 성도들이 함부로 못 하는 그 무엇이 있다. 그랬다. 그래서 신대원동기 역시 마지막 인사가 "언니 난 언니가 행복했으면 좋겠어"이다.

다른 사람보다 슬픈 일이 많았고, 힘든 시간도 괴로운 일도 많았다. 물론 사역의 현장에서 애매하게 당하는 일과 부당함도 있었다. 그러나 내 삶이 다른 사람들 보기에 그렇게 불행한 삶이었을까? 생각해 보면 그렇게 불행한 것만도 아니었건만 동기도 딸도 나의 행복을 바란다. 물론 그들의 바람은 내가 좀 더 편하기를 바라고 좀 더 안정적인 삶을 살아가기를 바라는 축원이겠지만 보이는 삶에 있어 내 삶이 남루해진 듯해 마음이 아프다.

다섯 남편을 둔 사마리아 여인은 불행하고 불결한 여자로 여겨진다. 그녀의 삶이 불행한 이유는 그녀를 버린 다섯 남편에게 있다(이혼의 주도권이 남성에게 있기에). 어떤 이유에서건 그 당시 남편이 없는 여자의 삶은 생존의 위협에 노출되게 된다. 그러나 그녀는 물 긷는 행위를 멈추지 않는다. 생명을 이어갈 물 긷는 행위는 살아가고자 하는 삶의 의지다. 모든 사람이 한낮의 태양을 피해 자신의 육신의 편안함을 찾을 때, 그녀는 물동이를 이고 한낮, 정오의 빛이신 주님을 만난다. 그녀의 이후의 삶은 기록되지 않아 알 수 없다. 하지만 미루어 짐작하건대 그녀의 삶의 환경은 결코 바뀌지 않았을 것이다. 여전히 구설에 오르고, 여전히 한낮에 물동이를 이고 외로이 삶을 이어가야만 했을 터이다. 그녀의 삶이 불행한 것일까? 일생 바꿀 수 없는 절대 진리 하나를 가지게 되었다면 그 외의 것은 그 진리를 대신하지 못한다. 여전히 한낮, 외따로 물동이를 지고 우물을 찾아야 할지라도 그녀는 가슴에 간직한 보석 하나로 이미 충분히 행복한 삶이다.

변하지 않는 환경은 사람을 지치게 한다. 그런 환경에서 우리는 쉽게 절망한다. 그러나 그 절망의 이유는 환경이 바뀌지 않아서가 아니라, 자신의 기쁨을 위해 살고자 하나 그렇게 살 수 없는 까닭이다. 자신의 기쁨은 대부분 영적인 기쁨이 아닌 육신의 기쁨이다. 육신의 편안함과 부유함을 위해서는 물질이 필요하고, 물질이 없는 빈곤한 삶은 자신의 삶을 불행하다 규정짓게 만든다. 참 그리스도인으로 살아가기 위해서는 물질 세상에서는 결코 부유할 수 없고, 육신의 만족을 누릴 수 없다는 것을 빨리 깨닫는 것이

중요하다. 세상 속으로 나아가기 위해 4학년 졸업반 실습 중인 딸에게 있어 세상의 길이 아닌 하나님의 길을 걸어가는 엄마의 삶은 행복과는 거리가 멀다. 부교역자의 자녀로 바라보는 교회의 구조는 결코 건강하지 못하기에 엄마의 행복은 더 멀게만 느껴진다. 그럼에도 엄마의 행복을 바라는 딸에게 해줄 수 있는 유일한 말은 이것이다. 엄만 이미 충분히 행복하다. 엄마 안에 계신 그분으로 인해, 그분이 허락하신 최고의 선물인 너희로 인해 엄마는 행복하다.

천국은 마치 밭에 감추인 보화와 같으니 사람이 이를 발견한 후 숨겨 두고 기뻐하며 돌아가서 자기의 소유를 다 팔아 그 밭을 사느니라.   - 마태복음 13장 44절

실 사이에 스며든 기도의 시간

"움직이지 말고 팽팽하니 당겨."

어깨가 아파서 내려놓은 손을 어깨너비만큼 벌려 가슴 앞으로 세워 놓으며 잔소리다. 엄마는 실 뽑는 누에도 아니면서 주전자에서 나오는 김에 실을 쭉쭉 뽑아낸다. 그리고 양팔을 벌린 내 손을 지나 다시 동그랗게 실타래를 만들어 놓는다.

찬바람이 불기 시작하면 짰다 풀었다 반복이다. 지금은 왜 그랬는지 충분히 알지만 어린 나는 엄마의 그런 가을겨울맞이가 이해되지 않았다. 애써 짜놓은 옷을 풀었다. 꼬불꼬불 엉켜 있는 실은 뜨거운 김을 쐬면 다시금 반듯한 실이 된다. 스웨터였던 것이 이제는 겨울내복으로, 무릎덮개로 바뀐다.

기성복이 귀했던 그 시절, 아이들의 겨울 외투는 대부분 엄마의 손뜨개였다. 교복을 입게 되는 중학생이 되어서야 엄마 손뜨개를 졸업하게 되었다. 그 시절 그렇게 지겹게, 물리도록 입었던 옷들이 지금 돌아보면 얼마나 귀한 것인지 가슴 시리도록 잘 안다. 엄마는 제법 찬 기운이 내리기 시작하는 가을부터 겨울나기를 준비했다. 먼저는 아버지 옷부터, 그다음 우리 남매들의 옷을 준비했다. 시장에 파는 가장 좋은 원사로 엄마는 시간을 들여 옷을 만들었다. 켜켜이 시간이 쌓여 가고 그 시간과 맞바꿔 한 올 한 올 엮어 옷이 완성되었다. 엄마의 시간이, 엄마의 인생이 옷으로 바뀌어 갔다. 엄마는 무심히 라디오를 들으며 손을 움직이는 것 같았지만, 쉼 없이 겨드랑이 사이즈며 입을 사람들의 체형을 계측했고, 단마다 바뀌는 모양에 주의해야 했기에 무심은 보는 이의 생각일 뿐, 엄마는 결코 무심할 수 없었으리라. 모든 물자가 귀한 때였음에도 유행은 바뀌고 바뀌어 엄마는 해마다 옷을 풀었고, 다시금 많은 밤을 당신의 수고를 들여 옷으로 맞바꿨다. 완성된 옷을 입혀 두고 얼마나 뿌듯했을까? 그럼에도 난 좋은 딸이 되지 못했다. 어려서 그랬겠지만 단 한 번도 기분 좋게 엄마의 옷을 입었던 적이 없었다. 유난히 피부가 약했던 나는 실 특유의 까슬거림이 싫었고, 따갑다고 입기 싫다고 칭얼거렸다.

막둥이가 4살 무렵 난 생애 첫 뜨개를 했다. 내 손으로 내 정성으로 이 세상에 단 하나밖에 없는 옷을 아들에게 입히고 싶다는 욕심에서 시작된 뜨개질. 바늘이라고는 잡아본 적 없는 내가 용감하게 뜨개방을 두드렸고, 초보이면서도 후두점퍼를 뜨고 싶다고 도안을 내밀었다. 실을 팔 욕심이었을까? 뜨개방 주인은 초보자도 뜰 수 있다며 대바늘에 실을 걸어 주었다. 몇 번의 대바늘의 움직임에 그림이 생기고 옷의 길이가 늘어나니 그저 신기했다. "세상에 단 하나밖에 없다"는 메리트는 나를 충분히 집중시켰다. 그렇게 한 달 만에 막둥이 후드점퍼를 완성했다. 그리고 그것으로 바늘과 '안녕'을 고했다. 목과 어깨가 아팠던 까닭도 있었지만 다른 것으로도 충분히 바빴으며, 내 시간과 정성을 가볍게 돈으로 바꿀 수 있는 것들이 많았다.

그 옛날 엄마가 할 일이 없어서 뜨개에 시간을 들인 것이 아니라는 것을 안다. 엄마의 뜨개는 저녁 밥상을 물린 다음부터 시작해 내가 잠자리 들기까지 이어졌다. 동그란 실타래 바구니에 던져져 있는 옷들은 아침마다 길이가 달랐다. 우리를 위해 엄마는 잠을 줄였고, 우리를 위해 엄마는 쉼을 줄였다. 오늘을 살아가는 젊은 엄마들도 아이들에게 귀한 것으로 주고 싶어 한다. 하지만 자기 자신을 주기에는 인색하다. 자녀도 중하지만 엄마인 나의 인생도 중하고, 너의 시간도 소중하지만 엄마의 시간도 중요하다. 물질을 들여 무엇인가를 하는 것도 사실 어렵다. 어쩌면 나 자신을 다른 것으로 치환시키는 것에는 미숙한 우리들인지도 모르겠다.

며칠 전 손뜨개 치마를 선물 받았다. 실 사이사이에 스며든 권사님의 기도의 시간이 옷에 담겨 있다. 옷걸이에 걸어두고 보니 가슴이 뭉클해진다. 권사님의 시간의 한 모퉁이를 잘라 나에게 주셨구나. 권사님의 시간, 권사님의 손끝이 어린 날 엄마의 시간, 엄마의 손끝과 겹쳐 보인다. 내 나이만큼도 살지 못했던 엄마. 살아계셨다면 손주들에게도 엄마의 정성 담긴 옷을 입혀 주셨을 테지. 나이 오십이 되어도 여전히 엄마 품이 그리운 내게 하나님께서는 엄마를 대신할 숨결들을 붙여 주셨다. 엄마가 참 그리워지는 날, 권사님을 통해 위로받는다.

오직 견딤만이 비기(秘技)가 된다

6월의 기온이 이렇게 높은 걸 보니 올여름은 무척 더울 듯하다. 아파트 맨 위층인 탓일까? 해 질 무렵이 되면 더 더워지는 것이 저녁 입맛이 영 없다. 단순히 더위 탓인지 실직 2개월을 채워 가는 남편의 존재가 주는 부담감 때문인지 알 수 없다. 혼자라면 그냥 끼니를 거르겠지만 남편을 생각하면 그럴 수가 없다. 집에 있는 그 마음은 오죽할까? 스스로 위축되어 있을 때 인간의 가장 기본 욕구가 충족되지 않으면 한없이 자신의 존재가 상실되고, 삶에 대해 허무해진다는 것을 경험을 통해 잘 안다. 힘들고 어려울수록 배를 든든히 채워 허리에 힘을 주고 꼿꼿이 자세를 다잡아 주어야 한다. 밥 한 그릇의 힘이 단순한 허기의 때움이 아닌 이유가 여기에 있다.

냉장고를 열어 보니 요리할 만한 것이 없다. 그러고 보니

장을 본 지도 열흘이 된다. 따뜻한 밥에 어울릴 그 무엇을 찾는다. 빈곤한 살림을 더욱 빈곤하게 만들어 버린 나의 게으름을 탓하기에는 이미 늦은 시간이다. 냉장고 깊숙이 천대받으며 놓여 있는 유리병, 그것은 바로 장아찌다. 강원도에서 보내온 곰취로 담근 장아찌. 대구에서 보내온 오이지. 아린 맛은 제대로 못 뺐지만 시간을 묵힐수록 아린 맛은 사라지고 아삭함이 남는 마늘장아찌. 평소에는 뒷방 신세지만 이럴 때 요긴한 것이 장아찌다. 어쩌면 지금 우리의 삶에 가장 잘 어울리는 반찬이 장아찌가 아닐까? 짠내 나는 삶. 그 짠내가 시간을 견뎌 세상 그 무엇보다 자신감을 드러내는 존재가 되었다. 아무것도 없다고 생각될 때 존재를 드러내 위로가 되어 주고, 그 시간을 견딜 수 있게 해주는 그 누군가처럼 그 존재만으로 이렇게 반가울 수 없다.

냉동실에서 해를 넘긴 완두콩을 꺼내 완두 콩밥을 짓는다. 하얀 쌀에 놓여 있는 초록색이 생명력을 더한다. 남편과 둘이 앉아 김 오르는 밥을 한 공기씩 퍼 김치, 곰취, 오이지, 마늘이 놓인 상을 마주한다. 아이 한 명이라도 있으면 기겁을 할 밥상이지만 지금의 삶을 겸허히 받아들일 수 있는 완벽한 밥상인지도 모른다. 오이지 하나를 입에 넣는다. 짭조름하면서도 시큼한 한 조각이 잃어버린 입맛을 불러온다. 게으르게 놀린 밥숟가락이 금세 바빠진다. 삶의 허세가 묻어났던 손놀림이 어느새 겸손해진다. 밥 한 끼의 귀중함을 몰랐던 나에게 밥알 한 알 한 알을 쓸어 모으게 하는 힘. 이것이 장아찌의 위력이다. 소금과 시간의 평범한 그것을 비기(秘技)로 탈바꿈하게 만든 것은 견딤이다. 풍족한 반찬 속에서, 단맛과 기름진 맛 속에서 무시당하고 때로는 존재조차 잊어버리기까지 했음에도 그 자리를 견뎌내는, 그 시간을 견뎌내는 저력. 그것이 수수함을 비기로 만드는 한 수다. 그 견뎌냄은 단맛에 무뎌진 입맛을 예민하게 돌려놓고 기름진 음식에 둔해진 몸을 가볍게 해주는 명약이 된다.

그분이 허락하시는 고난은 이 땅에서 삶의 거품과 허세를 몰아낸다. 내가 내 몸의 주인이 되고자 하는 삶. 좀 더 편안하고 좀 더 많이 가지려고 하는 삶. 그분이 원하시는 삶에서 점점 멀어질 때 어둠이 내린다. 그 어둠조차 어둠인지 모르고 달려갈 때 하늘에서는 눈부신 섬광과도 같은 번쩍임으로 천둥·번개가 임한다. 그 천둥·번개의 이름은 고난. 그때에야 비로소 정신을 차린다. 고난은 하찮게 여겼던 삶의 자리들을 다시금 쓸어 모으게 하는 힘이 있다. 일상의 소중함과 놓쳐 버린 것들을 돌아보게 하고, 의식하지 못한 교만과 나 중심의 시선에서 그분의 시선으로 옮겨가게 한다. 하지만 왜일까? 고난이 열매를 맺기 위해서는 견딤의 시간이 필요한데 그것이 참 어렵다.

징글징글 치가 떨리도록 짜서 썩지 않고, 쥐어 짜낸 숨겨둔 단맛. 쭈글쭈글 자신의 몸을 비틀어 온몸 구석구석 안 아픈 곳 없이 발효되어 버린 몸뚱어리. 그것이 장아찌다. 우리에게 닥친 고난에 치를 떨어야 마지막 한 방울 내 몸에 숨겨 둔 그리스도의 단맛이 나온다. 발효되어 거품이 걷어져야 맑은 국물이 되듯 세상 모든 것에서 거품을 걷어내야 그의 몸이 될 수 있다. 장아찌를 오랫동안 머금고 오물거리는 내게 그분은 물어오신다. 그 견딤의 시간을 견뎌낼 수 있냐고. 모든 견딤에 햇살과 공기로 맛과 깊이를 더했듯, 너의 고난에도 내버려 둠이 아니라 맛과 깊이를 더할 그 무엇으로 "너와 함께다" 말씀하신다.

아무것도 두려워 말라 주 나의 하나님이 지켜 주시네
놀라지 마라 겁내지 마라 주님 나를 지켜 주시네
아무것도 두려워 말라 주 나의 하나님이 지켜 주시네
놀라지 마라 겁내지 마라 주님 나를 지켜 주시네
내 맘이 힘에 겨워 지칠지라도 주님 나를 지켜 주시네
세상의 험한 풍파 몰아칠 때도 주님 나를 지켜 주시네
주님은 나의 산성 주님은 나의 요새
주님은 나의 소망 나의 힘이 되신 여호와

오늘 하루를 살아내라

인간은 꿈을 먹고 자라나 절망으로 죽어 가는 것일까? "나중에 뭐가 되고 싶어?"라고 물으면 어린아이일수록 많은 꿈을 이야기한다. 또한 아이들은 "나는 10년 뒤면, 내가 20살이 되면 이런 모습일 거예요"라는 상상이나 계획들을 친구와 함께 혹은 어른들 앞에서 이야기한다. 아이들의 눈은 언제나 꿈을 꾼다. 그 눈에는 성장의 원동력이 담겼다. 아이들은 그것으로 자신의 목표를 세우고 나아간다. 하지만 살아가는 것이 어디 계획대로 뜻대로 되는가? 우리는 곧잘 길을 잃는다. 그리고 실망한다. 꿈꾸는 모습과 다른 내일을 마주하게 되면 더는 꿈꾸지 않는, 꿈꿀 수 없는 자신을 보게 된다. 이건 참 슬프다. 나이를 먹는다는 것이, 어른이 되어 간다는 것이 이런 것일까? 더는 꿈꿀 수 없다는 것은 꿈이 없어서가 아니라 그 꿈을 이뤄 갈 수 있는 능력에 대한 신뢰가 사라져 버리는 것. 자기 인식을 지나 자기 포기가 더는 꿈꿀 수 없는 모습을 만든다. 그때 우리는 절망한다.

지나친 현실 인식은 꿈을 앗아간다.
20대를 일본에서 보냈다. 일본으로 간 나는 꿈꾸는 청년이었다. 다른 사람과는 다른 유학이라는 큰 은혜를 입었으니 나에게는 모든 가능성이 있었고, 한국보다 10-20년은 앞선 선진국에서 많은 것들을 배울 것이라는 포부로 부풀었다. 내가 만난 일본 젊은이들, 친구들에게 장래에 대한 꿈을 물었을 때 나는 놀라지 않을 수 없었다. 선진국에 사는, 모든 것이 가능한 나라에 사는 그들의 꿈은 너무나 작고 소박했다. 꿈이 없다고 말하는 이들 또한 많았다. 꿈을 가졌다고 말하는 대부분 친구들조차도 공무원이나 샐러리맨 즉 단순한 월급쟁이가 전부였다. 1990년대 일본 경제가 하향곡선을 그리기 시작할 때다. 풍요로움 속에 자라난 유약한 젊은이들이 세상 속에서 살아갈 힘을 잃어버리고, 생각만큼 이루어지지 않는 취업 현장에서 현실과 타협을 모색해 나가던 때였다. 어쩌면 지금 한국 젊은이들의 모습을 앞서 경험하게 되었는지도 모르겠다. 그때 나는 꿈으로 부풀어 갔고, 그들의 소박함은 쪼그라드는 한여름 태양 아래 시든 박처럼 느껴졌다.

부풀어 오른 나의 모든 꿈이 조각났다.

50이 넘은 지금. 나의 모습은 결코 내가 꿈꾸던 모습이 아니고, 이런 모습일 거라 상상조차 하지 못했던 나로 있다. 사회적으로 안정을 찾아갈 나이에 안정에는 턱없이 모자라고, 성공이란 무슨 말인지조차 모를 정도로 그 의미를 잊어버렸으며, 영적인 성숙과 존경을 받는 삶 또한 아니다. 한마디로 실패한 내 모습을 본다. 실패 역시 한 번이 아닌 거듭되는 가운데 있다. 거듭되는 실패를 인정하고 싶지 않아서, 부여잡고 있었던 견딤의 시간이 너무 길어 삶의 에너지 대부분을 소진했다. 그 시간을 통해 소중한 이들을 지키지 못하고 잃어버렸으며, 그들조차 고통 속으로 몰아가기도 했다. 꿈이란 꿈으로 존재하는 것이 아니라, 내일이라는 새로움으로 존재하는지도 모른다. 더는 꿈꿀 수 없는 나의 삶은 내일을 상실했다.

성경은 "내일은 너의 것이 아니라, 그분의 것이고 너는 다만 오늘 이 하루를 살아갈 뿐이다"라고 말한다. 오늘을 살아가는 유한한 인간에게 있어 꿈은 무엇이란 말인가? 우리는 대부분 사라질 세상의 꿈을 좇는다. 그 세상의 꿈은 우리의 눈을 부단히 세상을 향하게 하고 빠르게 변하는 세상 속에서 경쟁하게 한다. 경쟁에 둔한 자는 실패자가 되고 그 빠른 변화에 자신의 모습을 변화시키지 못하면

낙오자가 된다.

마르틴 하이데거는 "인간은 청탁 없이 이 세계로 내던져진 존재"라고 말한다. 아무 의지할 곳 없이, 그 어떠한 계획도 없이 내던져진 존재와 같다는 생각은 헤어 나올 수 없는 근원적인 불안을 만든다. 그 불안은 때때로 우리를 폭주하게 만들고 억압하게 만드는 구조를 만들어 간다. 하지만 예수님은 우리에게 "나는 보냄을 받았다"라고 말씀하시며 우리에게도 "보냄을 받았다"라는 소명을 입히신다. 내가 이 아침 눈을 뜨고 하루를 살아간다는 것은 하루를 살아갈 하나님의 '숨', '생명'을 받았다는 거다.

생명(生命)이란 말을 달리하면 명을 살아간다는 말이다. 그렇다면 그 명이란 무엇일까? 그 명이 바로 꿈이다. 살아간다는 것은 명을 찾아 그 명을 이루어 가는 과정이다. 헤맴과 방황은 있을지라도 실패도 낙오도 없다. 주어진 하루로 충분하고 성실히 살아온 하루로 충분하다 격려하신다. 세상은 쉬이 사라질 것에 주목하게 하지만 영원은 애써 찾아야 할 숨겨 둔 보물이다. 인간은 꿈을 먹고 자라나 절망으로 죽어 가는 자가 아니라 영원을 사모함으로 이 하루 불어넣어 주신 그 숨을 가지고 명을 다해 살아가야 할 존재다. 그러므로 내일 일은 내일이 염려하게 하고, 내일을 꿈꾸는 것이 아니라 오늘 주어진 이 하루를 명을 다하여 살아내라.

향기를 피어 올리는 꽃은 쓰다

김태정

청매화차라니
나같이 멋없고 궁색한 사람에겐
도무지 어울리지 않는 청매화차.
무슨 유명한 다원에서 만든 것도 아니고
초의선사의 다도를 본뜬 것도 아닌

이른 봄 우이동 산기슭에서 우연히 마주친
모래바람에 휘날리던 꽃잎 한 주먹 주워
아무렇게나 말려 만든 그 청매화차.

한 사나흘 초봄 몸살을 앓다 일어나
오늘은 그 청매화차를 마셔 보기로 한다.
포슬포슬 멋대로 말라비틀어진 꽃잎에
아직 향기가 남아 있을까.
첫 날갯짓을 하는 나비처럼
막 끓여온 물속에서 화르르 퍼지는 꽃잎들.

2장_ 향기를 피어 올리는 꽃은 쓰다

갈라지고 터진 입 안 가득
오래 식혀 말간 피 같은 향기 고여 온다.

누군가 내게 은밀히 보내는 타전 같기도 해
새삼 무언가 그리워져 잘근잘근
꽃잎 한 점을 씹어 보았을 뿐인데
입 안 가득 고여 오는 꽃잎의
은근하게도 씁쓸한 맛
꽃잎의 향기는 달콤하나
향기를 피어 올리는 삶은 쓰거웁구나.

청매화차라니
달콤하고 은은한 향기의 청매화차라니
삶이 초봄의 몸살 같은 마흔은
향기를 피어 올리는 꽃잎의
쓰디쓴 맛을 사랑할 나이.

오늘 하루만

"하나님, 저에게 정오의 태양빛을 조금이라도 더 길게 늘여 주세요. 그 햇살 아래라도 젖은 몸을 말릴 수 있도록 말입니다."

한여름에 내리는 소나기 같은 장대비가 밤사이 내렸다. 선명한 빗소리. 제법 굵다. 그 둔중함이 주는 안정감이 잠으로 이끈다. 모든 근심을 씻어 내려 줄 것만 같은 비가 고맙다.

아이들을 아침 밥 먹이고 등교시키기 위해 냉장고를 열었다. 달걀 3개. 50-60년대도 아니건만 달걀은 우리 아이들에게 최후의 찬거리다. 돈이 생기면 가장 먼저 달걀을 쟁여 놓는다. 굽든지, 찜을 하든지, 혹은 국을 끓이든지 한 끼 손색없는 반찬거리가 되어 주는 고마운 달걀. 그 달걀이 3개 남았다. 세 명의 아이. 한 개씩. 오늘 아침까지는 엄마 면목을 유지할 수 있겠다.

학교가 제일 먼 막둥이를 깨워 아침을 먹이고 씻게 하는 동안 넷째를 깨웠다.
"늦겠다. 일어나거라. 비 온다."
"우산이…."

맞다. 지난주 넷째가 우산을 학교에 두고 왔다고 했지만 다시 찾은 학교에는 이미 우산이 사라지고 없었다. 집에 있는 건 누나가 두고 간 분홍색 우산뿐. 상남자인 넷째는 분홍색 우산을 쓰느니 맞고 가겠다고 지난주 그냥 갔다. 하지만 오늘은 맞고 갈 만한 비가 아니다. 이럴 때면 머릿속이 복잡해진다. 막둥이 같으면 윽박질러서라도 그냥 들고 가게 하겠건만 새엄마라서 우산도 안 사주고 비 맞으며 등교시켰다 할까 봐 남의 눈이나 아이의 마음에 신경을 쓰게 된다. 재혼가정은 모두 다 이럴까? 촉박한 아침 시간 마음이 한없이 분주해진다.

"비닐우산이라도 사 와야겠네."

조금 일찍 막둥이를 학교에 보내고, 집에 있는 동전을 모으니 3000원이 조금 넘는다. 편의점을 들렀다. 비닐우산이 그렇게 귀한 것이었나? 비닐우산이 없다. 판매되고 있는 것은 접이우산으로 1만 원, 1만 3천 원. 가진 동전으로는 어림없다. 빗속에 편의점 3곳을 돌았지만 비닐우산이 없다. 마음이 어려워진다. 어쩌면 좋을까? 4번째 들린 편의점에서 6500원짜리 우산을 찾았다. 내가 생각했던 비닐우산보다 조금 더 튼튼해 보인다. 그래서 6500원인가 보다. 주머니와 상관없이 이해하는 내 모습이 한심하다. 3000원과 6500원. 통장에 얼마나 있을까? 휴대전화기를 열어 보니 마침 6800원 정도가 있다. 계산하고 우산을 들고 급히 집 가까이 오니 넷째는 어디서 찾았는지 없다던 우산을 쓰고 골목을 돌아 학교 가는 모습이 보인다.

"이 녀석아, 달걀 한 판이다. 달걀 한 판. 온 식구 일주일 반찬이다."

빗물을 털고 침대에 앉으니 그냥 눈물이 난다. 달걀 한 판과 우산을 생각하는 내가 서러워서…. 뜯지 않은 우산을 달걀로 다시 바꾸어 오지 못하는 나의 남은 자존심이 그냥 그렇게 서러웠다. 휴대폰을 열어 계좌에 남은 돈을 보니 381원이다.

381원. 이것이 내 인생이다. 그래, 누가 인생을 돈으로 값

매길 수 있을까마는 381원이 지금 내 인생의 주소다. 며칠 전 막둥이가 학교에서 열이 40도 가까이 올랐다. 엄마가 걱정할까 봐 조퇴도 하지 않고 끙끙거리다 담임이 전화를 해서 부랴부랴 아이를 데리고 병원을 갔다. 열을 내리기 위해 수액을 꽂고 물수건으로 아이를 닦아 주며 병원비가 없어 친구에게 전화했다. "막내 병원비가 필요해." 친구는 두말없이 병원비와 죽이라도 사 먹이라며 여윳돈을 보내 왔다. 오늘 우산을 사고 남은 381원은 친구가 보내 준 돈의 나머지였다.

연속되는 비참은 삶의 의지를 꺾는다. 이렇게라도 살아야 하나? 그런데도 일어서야지. 꽃 같은 내 새끼들이 있다. 일거리를 찾자. 조금 더 힘을 내어 보자. 일할 수 있다. 책임이 남아 있으니 살아갈 의무도 권리도 있다. 언제 내 힘으로 살아온 적이 있었던가? 살게 하시는 그분으로 인해 혼자 애 셋을 키울 때도 살아냈다. 그분의 선한 인도하심을 기대하며 오늘 할 수 있는 일만 해내자. 공중에 나는 새를 먹이시는 그 하나님이, 들의 풀도 입히시는 그 하나님이 나의 아버지 되신다는 신실함은 지금까지의 내 삶이 증명하지 않는가? 내일을 염려하지 말고 오늘 이 하루, 오늘 하루만 살아내자.

공중의 새를 보라. 심지도 않고 거두지도 않고 창고에 모아들이지도 아니하되 너희 하늘 아버지께서 기르시나니 너희는 이것들보다 귀하지 아니하냐. 너희 중에 누가 염려함으로 그 키를 한 자라도 더할 수 있겠느냐. 또 너희가 어찌 의복을 위하여 염려하느냐. 들의 백합화가 어떻게 자라는가 생각하여 보라. 수고도 아니하고 길쌈도 아니하느니라. 그러나 내가 너희에게 말하노니 솔로몬의 모든 영광으로도 입은 것이 이 꽃 하나만 같지 못하였느니라.   – 마태복음 6장 26-29절

편의점 인간 1

겉도는 신세계

편순이(편의점 아르바이트생)가 된 지 이틀이 되었다. 다리는 천근이고 머리는 만근이다. 기업형 편의점이라 직원에게는 의자를 주지 않는다. 족히 백 가지는 넘을 것 같은 담배 이름은 손님들 발음만으로, 눈으로 구분해 내기가 쉽지 않다. 작은 공장과 인력사무소 사이 편의점이라 아침부터 술을 찾는 사람이 많다. 모든 것이 새롭다. 겉돈다. 나를 가운데에 두고 소용돌이 모양으로 파도가 인다. 눈에 박히는 세상이 낯설기만 하다. 빠르게 변하는 세상을 자그마한 가게 안에서 바라보고 있자니 바삐 쫓아가는 인생과 나처럼 덩그러니 내버려진 인생이 보인다. 이렇게 버둥거리며 오늘을 살아가는 우리에게, 아니 나에게 내일이 과연 있을까.

편의점 안에서 전용 용기로 컵라면이 아닌 일반 라면을 끓여 먹는 것을 보면서 참 놀라웠다. 사람의 수고는 줄어들고, 기계가 주는 편리가 점점 우리의 삶을 채워 간다. 메마름. 우리 안에 인정(人情)이 사라지는 것도 이런 이유에서인지도 모른다. 아이들의 하교를 기다리며 간식을 준비하는 일은 책에서나 볼 수 있을 뿐, 학원으로 바쁜 아이들은 편의점으로 내몰려 기계가 끓여 주는 라면과 주먹밥으로 갈한 애정을 채운다. 빠르게 채우고 빠르게 비우는 가벼운 사랑을 아이들은 이렇게 배워 간다. 깊은 맛을 내기 위해 시간을 두고, 기다리는 것은 도태(淘汰)를 의미하는지도 모른다. 급하게 허기만 면한 배는 늘 갈함이 동반된다. 그 갈함은 채워지지 않는 욕망으로 이어지고 손에 쥐고서도 만족할 줄 모르게 된다. 몇 번의 젓가락질로 국물을 버리고 아이들은 서둘러 나간다. 어제 비가 온다는 예보에 일용직 일을 나가지 않았던 손님은 예보대로 비가 오지 않자 마른하늘을 보며 자신의 하루를 탓했고, 하루 지난 비가 오늘 내리자 내리는 비에 막걸리 한 병을 안주 없이 비우며 막노동이 다 그렇지 혼잣말을 했다. 비가 와도 업무 매뉴얼대로 비를 맞으며 쓰레기를 치우는 내게 우산을 쓰고 하라고 말을 건넨다. 팔뚝에 떨어진 빗방울이 차다.

세상은 빠르게 변하고 그에 쫓아가지 못하는 인생이 있다. 아파트 값이 2억, 3억은 기본, 10억대가 넘어가는 이 나라에서 보증금 300만 원에 몇십만 원의 월세가 버거운 나와 같은 이들은 가랑이가 찢어지는 인생이다. 마치 내리는 빗줄기에 흔들리고, 지나가는 이들의 발길에 차이는 척박한 아스팔트 위 먼지에 뿌리내린 민들레 같다. 배우지 못해서도 부지런하지 않아서도 아니다. 다만 쫓아가기가 버거울 뿐이다. 교회가 울타리였던가? 교회 밖 세상은 내게 너무도 낯설다. 어쩌면 세상 속 그리스도인의 사명은 빛 좋은 개살구였나? 나는 담장 안에서 큰소리치는 나쁜 사람이었구나. 드러난 믿음이 참 보잘것없구나. 사역이 아닌 삶으로 마주한 세상은 내가 알지 못했던, 알 수도 없었던 그런 신세계다.

취객을 신고하다

태양 아래 모든 것들이 여물어 성숙해 감을 보지만 나는 끝없이 쇠락(衰落)을 맛본다. 무엇이 옳다 틀렸다 판단의 문제가 아니다. 매뉴얼대로 움직여야 한다. 아니 매뉴얼대로라고 말하지만 난 두려움에 사로잡혔고 그 매뉴얼 뒤로 나를 숨겼다.

어제로부터 오늘까지 난 경찰에 도움을 청하는 수화기를

7번 들었다. 그 7번 중 전화대응 2번과 출동 5번이 있었다. 편의점 냉장고를 자신의 냉장고처럼 이용하는 취객 때문이다. 그가 가져간 물건은 고작 4만 원 남짓. 한 번에 소주 한두 병. 그리고 아이스크림 한 개. 그 사람이 누구인지 나도, 동네 사람들도, 심지어 출동한 경찰조차도 다 안다. 그 사람의 이름을 알고, 사는 곳을 안다. 어머니도 안다. 또한 아들의 행동을 아는 어머니가 집에 있는 동전을 긁어모아 술값을 갚아 주기도 하신다.

그러나 매뉴얼대로 신고를 해야 한다. 마감정산이 맞지 않으면 아르바이트생이 부족한 부분만큼 메꾸어 넣어야 하는 까닭이다. 그럼 그 취객은 어떻게 될까? 신고가 쌓이면 고소가 되고 법대로 벌금이 부과되든지 형이 집행된다. 가난한 그 가정이 감당할 수 있는 돈이 아니다. 알코올 재활병원에 아들을 보내고 싶어도 돈이 들어 엄두를 못 낸다. 이러지도 저러지도 못하는 삶의 고리들. 사람을 해치고 싶어도 그럴 힘조차 가지지 못한 취객이다. 그런 그가 나는 두렵다. 코를 찌르는 역겨운 냄새. 그가 흘리는 침. 내뱉는 말들. 그가 잡은 문의 오물 묻은 손자국까지. 불쾌감이 아니라 두려움. 나는 그의 모든 것이 두려웠다. 무엇이 그렇게 두려웠을까? 나는 왜 그를 동료 인간으로 대하지 못하고 긍휼한 마음을 갖지 못하는 것일까?

한 달이 지나도 월급을 받지 못했다. 15일이 월급날이란다. 꼬박 7주를 일하고 4주간 일한 월급을 받는 매뉴얼이다. 곤고한 인생이다. 돌아오는 길. 서점을 들렀다. 책 한 권을 샀다. 15일까지 버텨야 하는 자존심을 책 한 권과 바꿨다. 책을 읽는다고 취객의 삶이나 별반 다르지 않은 나의 빈곤이 벗겨지는 것도 아닌데, 나는 무슨 거드름을 피우고 싶은 것일까? 다르다. 다르다. 다르다고 나를 이다지도 포장하고 싶은 것일까?

내가 두려워한 것은 그가 아니라 밑바닥 인생의 처절함, 비참, 굴욕이다. 나의 탐독(耽讀)은 그 두려움으로부터의 도피, 비굴이다. 매뉴얼은 가진 자들이 밑바닥 인생이 보여 주는 행동에 느끼는 두려움으로부터 자신들을 지키는 보호 장치다. 매뉴얼은 없는 사람, 연약한 사람을 지켜 주는 것이 아니라, 가진 자, 강한 자들을 지켜 주는 철옹성(鐵甕城)이다.

구겨진 돈을 펴며…
인력사무소 골목에 위치한 편의점은 늘 노무자들로 가득하다. 1400원 소주 한 병. 1500원 막걸리 한 병. 라면 하나로 차려진 그들의 파라솔은 피곤을 씻어 주는 그들만의 파라다이스다.

그들이 내민 돈은 언제나 모서리가 구겨져 있다. 이 돈을 벌기 위해 그렇게 땀을 흘렸다. 일을 마치고 일당을 받을 때 몇 번이나 침을 묻혀 세어 보았을까? 당신의 하루가 적혀진 숫자로 당신의 손안에 다시금 돌려졌다. 조금은 소중히 해도 좋으련만 돈은 구겨지고 얼룩져 있다. 그 돈만큼이나 그들의 삶은 구겨지고 얼룩져 있다. 남루한 삶. 불나방 같은 하루살이의 성실. 인생 뭐 있나? 어제 일했으니 오늘은 마시고 즐겨야지. 그들은 분명 웃고 있는데 보는 나는 그 웃음이 슬프다. 건네받은 돈을 손에 힘을 주어 폈다. 구겨진 모서리의 각을 잡고 반듯이 펼친다. 그들의 삶, 굽은 모서리는 펴주지 못할지라도 구겨진 돈을 펼치며 간절한 바람을 올린다. "주여. 저들을 불쌍히 여기시고 자비와 긍휼을 잊지 마소서."

편의점 인간 2

일이 손에 붙는다

일과를 순서대로 진행하는 것에는 막힘이 없다. 그런데 출근과 동시에 앞 아르바이트생과의 업무인수인계 중 담배 재고 확인이 마음을 무겁게 한다. 포스기로 찍어 남아 있는 숫자와 담배 진열대의 숫자가 일치해야 하는데 그것이 어긋나면 책임 추궁을 하게 된다. 내가 추궁당하지 않으려면 이 확인 작업을 철저히 해야 한다. 숫자가 맞지 않으면 괜히 앞에 일하신 분에게 미안해지고 두려움이 마음을 짓눌러 온다. 매일 재고 확인을 하면서 담배 이름을 읊어가지만 막상 손님이 와서 담배 이름을 말하면 손님의 눈보다 내 손이 느리다. 담배라는 커다란 산 외에는 제법 손에 익숙해지고 마음에 여유가 생겼다. 오랜 사역으로 몸에 밴 친절과 웃음으로 허물없이 어르신들이랑 잘 지내고 누구 말처럼 마음 훔치는 재주로 이웃들과의 수다가 제법 늘었다. 오시는 손님들에게 인사를 건네고 안부를 전하며 구멍가게 주인 행세도 곧잘 하게 됐다. 인사성 밝고 웃는 얼굴로 친절하다는 칭찬도 듣는다. 퉁퉁 부은 다리, 아픈 무릎만 아니라면 아르바이트하기에 최고의 적성을 신께 부여받은 존재로 착각할 만큼 자신도 놀랄 정도로 높은 적응력을 보인다. 이 또한 얼마나 다행인가?

편의점을 찾는 손님들의 갈한 눈, 빈곤한 입들이 내뿜는 삶의 질퍽한 밑바닥에서 나는 예수를 본다. 성도 몇천 명. 초현대적 건물. 브랜드화된 교회에서의 사역. 내 나름의 프라이드였다. 하지만 나는 오늘의 나에 감사한다. 길을 잃을 뻔했다. 아니 길을 잃고 헤매었는지도 모른다. 그렇다면 다시 길을 찾았을까? 그건 확신할 수 없다. 하지만 불순종 가운데서도 자기 백성을 돌이키시는 그분의 신실하신 언약, 모든 영광을 버리시고 미천한 모습으로 가장 낮은 곳에서 함께하신 그분의 사랑에 대한 신뢰만은 더욱더 깊어져 간다. 불완전한 나의 모든 계획을 파하시고 그분의 완전하신 계획으로 나를 이끌어 가심을 기대하며 오늘 하루도 힘을 내어 보리라.

두 세계를 구성하는 두 언어가 있다.
언어는 거울이면서 거짓이다. 삶을 비추기도 하지만, 삶을 비틀기도 한다. 삶과 조응하기도 하지만, 삶을 조롱하기도 한다. 한(韓)국어가 언어의 표준을 자임할 때, 표준에서 배제된 언어는 한(恨)국어가 된다. 한(韓)국이 국민의 표준을 지정할 때, 표준에 끼지 못한 사람은 한(恨)국에 산다.

- 이문영, 「웅크린 말들」 중에서

공병 바꾸기

비 갠 하늘이 눈부시다. 피부에 와닿는 눈부심은 따갑기까지 하다. 오늘 하루, 무척 더울 듯하다. 점심시간이 지나갈 무렵, 검게 그을린 얼굴의 남자분이 땀을 흘리며 공병을 바꾸러 오셨다. 편의점에서 맥주병은 130원, 소주병은 100원으로, 공병 교환은 하루 30개로 한정되어 있다. 매뉴얼에는 적혀 있지 않지만, 바꾸시는 분과 점장 간의 암묵적 약속인 듯하다. 이분이 가져오신 것은 맥주병 30개와 소주병 30개. 깡마른 몸이 다부져 보여도 저 정도 술을 드신다면 건강을 장담하기 힘들어 보인다. 공병 교환은 하루 30개인데 거절을 잘 못하는 나로서는 이런 상황들을 마주하면 어렵다. 어렵사리 입술을 달싹거리는데 이분이 먼저 말씀을 꺼내신다. 맥주병만 바꿔 달라고, 소주병은 다른 곳으로 간다고. 규칙을 지켜야 아르바이트하시는 분이 곤란해지지 않는다고 웃으신다. 웃음이 참 선하다.

"아저씨. 술은 조금 적게 잡수셔요."
"내가 먹은 것도 있고, 다니면서 주운 것도 있고…."
공병을 주워 생활하시는 분이구나. 그분 눈에는 시원한 에어컨 아래서 일하는 내가 얼마나 편하고 좋게 보일까. 에어컨 바람이 힘들어서 긴소매 입고 있는 내가 얼굴색과 같은 검붉은 땀을 흘리는 그분 앞에 참 송구스러워졌다.

다양한 인생의 모습에 젊어 왜 그렇게 살았나 질책하거나, 혹 탕진한 시간에 대하여 자책하거나 비난하는 것은 옳지 않음을 느낀다. 예수가 그러하셨던 것처럼 그들과 더불어 밥을 먹고 삶을 나누며 함께 울 수 있다면, 그들의 이웃이, 친구가 될 수 있지 않을까? 소박하지만 따뜻했던 서글서글한 웃음이 자꾸만 되새겨진다. 그들의 웃음 속에서 나는 성경 속 예수를 발견한다.

내가 상실한 것

점심을 먹은 뒤 그이의 마음에 찬바람이 모질게 일었나 보다. 갑자기 기도원을 가고 싶다고 했다. 그렇게 가고 싶었던 기도원이었는데 사실 마음이 동하지 않았다. 기도조차 할 수 없는 막막함, 답답함에 쌓여서 오늘은 그냥 소라처럼 딱지 속에 숨어 있고 싶다. 딸애의 등록 기간. 막둥이의 중등 입학. 모든 것이 돈이다. 이렇게 저렇게 마련해도 턱없이 부족한 부분들에 대해서 속에서는 쓴물이 올라온다. 답답함이 목울대를 치고 올라와 누군가를 향해 고함이라도 지르고 싶다. 그런데도 꾹꾹 감정의 타래들을 되새김질하듯 삼키고 있다. 그이에게는 차마 말조차 할 수 없다. 이미 지고 있는 짐들이, 자신이 느끼는 삶의 무게가 너무 무겁고 무거우니까. 어쩜 우리는 각자의 삶의 무게가 너무 무거워 서로의 짐에는 묵언(默言)하기로 해버렸는지도 모른다.

기도원을 가기 전 둘째 졸업식에 가지고 갈 꽃다발을 샀다. 조금이라도 싸게 사기 위해 찾은 꽃 재배단지는 생각만큼 크지 않다. 꽃을 고르고 다발을 엮어 내 손에 오기까지 나는 묵묵히 플라워리스트의 손길을 바라보았다. 느긋하지만 야문 손길이 주는 여유로움이 나와는 다른 세상을 사는 것 같다. 아니 그곳은 남루한 나와는 어울리지 않는 파스텔 색조의 세상이다. 처음 본 빅 페이스의 민트 리시안사스. 인디언 핑크의 헤라로즈. 황홀함에 빠진 나의 눈은 잠시 행복의 기운을 느끼지만 꽃다발을 든 내 손은 너무 빨리 현실을 깨닫고 가볍게 떨렸다. 2만 5천원, 3-4일 반찬값이다.

감림산으로 갔다. 기도의 산이다. 바람은 한기(寒氣)로 자신의 존재를 드러내고 있었다. 한기가 가슴까지 파고든다. 반년 전 고등부 아이들과 한 달에 한 번 기도 모임을 갖던 곳이다. 바위 하나하나, 아이들의 뒷모습과 모여 앉아 기타에 맞춰 찬양하던 모습이 스쳐 지났다. 그립다. 가슴이 조여 온다. 숨을 쉴 수 없을 만큼 고통스러운데 눈물은 나지 않았다. 속으로 삼키는 마른 울음. 마른 울음은 겨울 바다의 파도처럼 밀려와 빠져나가기를 반복한다. 기억이라도 내 옆에 두고 싶다. 아이들이 앉았던 바위라도 새겨 두려면 눈앞이 흐려지면 안 된다. 울음을 삼켜야지. 나무에 등을 기대고 바닥에 앉았다.

기도원으로 오는 길에 그이에게 물었다.
"왜 마음이 무너졌어?"
"그냥, 명절도 다가오고, 최근에 닥친 일들도 그렇고, 삶이 고통이지."

지난 10여 년간 명절이 반가웠던 적이 없었다. 아이들과 함께할 외갓집조차 없었으니 이 세상 오롯이 '우리뿐'이었다. 긴 연휴가 달갑지 않았고 애써 아이들과 보내는 시간이 버거워 교회 당직을 서기도 했다. 이제 우리뿐이었던 외로움을 그이에게까지 느끼게 한다. 백년손님으로 모실 사위. 대우받고 모처럼 쉴 수 있는, 조건 없는 사랑을 누릴 수 있는 처가가 없으니, 그이도 마음이 얼마나 허할까?

"하나님. 나와 함께하신다면 부는 바람, 지나는 바람으로라도 당신의 존재를 나타내 보여 주세요."

나무에 기대어 하얀 입김이 나도록 내가 되뇐 말이다. 무너진다. 모든 것이. 마음도. 믿음도. 삶도. 속절없이 무너진다. 무엇으로 나 자신을 다잡을 수 있을까? 아이들과 함께 올랐던 기도의 산. 나는 지금 무엇을 하는 것일까? 하나님께서 나를 버리셨나 보다. 다시 사역할 수는 있는 것일까? 삶의 규모는 나아질까? 아니 둘째 등록은 시킬 수 있을까? 막내 교복은 마련할 수 있을까? 두려움. 불안. 왜 나는 지금 벼랑에 서 있게 된 걸까? 오늘 읽은 마르셀 프루스트의 「잃어버린 시간을 찾아서」에 이런 글귀가 있었다.

고통을 덜 수 있다는 희망이 아픔을 견뎌낼 용기를 준다.

내가 상실한 것은 살아갈 용기, 믿음이 아니라 희망인지도 모른다. 유난히 올겨울이 추운 까닭은 떨어진 기온 탓만은 아닌 듯하다.

그러므로 내일 일을 위하여 염려하지 말라. 내일 일은 내일이 염려할 것이요 한 날의 괴로움은 그 날로 족하니라.

- 마태복음 6장 34절

가로 44cm, 세로 60cm

잔뜩 웅크린 채 저리는 팔과 다리의 감각을 잃어 가며 한 생명이 꺼져 갔다. 사람이 어쩌면 이렇게 잔인해질 수 있을까? 공포와 고통에 찬 9살 아이가 용변을 보자 가방을 바꿔 다시금 넣어 결국 죽음으로 몰아갔다. 가장 보호받아야 하는 곳에서 아이는 목숨을 잃었다. 짧은 아이의 삶과 죽음은 아이 혼자만의 이야기로 끝나지 않는다.

계모, 계부에 의한 학대 사건은 안타깝게도 드문 일이 아니다. 상습적 구타와 성폭행의 고리는 많은 어린 생명을 자의, 타의에 의해 채 피어나지도 못한 채 죽음을 맞게 했다. 논쟁거리가 되고 밝혀진 사건보다 음지에서 혹은 차마 말 못 할 사연으로 일어나는 아픔들은 더 많다. 사회적 문제로만 생각해 왔다. 하지만 재혼으로 남편의 두 아들의 '계모'로 살아가는 지금 접하게 되는 일련의 사건들은 와닿는 충격이 이전과 다르다.

대부분 재혼으로 이루어진 가정은 초혼가정보다 많은 부분에서 노력이 요구된다. 이미 기성세대인 부모 세대와 자라나는 신세대 간 이해도의 차이는 친부모 친자식 간에도 어렵다. 특히 요즘처럼 변화가 빨라 그 변화를 따라가지 못하는 부모 세대는 이 사회에서 스스로 살아남기와 자녀 이해라는 두 마리 토끼를 잡는 것이 버거울 수밖에 없다. 하물며 재혼가정은 어떠할까? 부부 두 사람의 문제도 어렵다. 하지만 다른 환경 속에서 성장한 자녀들의 문제는 더 어렵다. 그렇다고 모른 척 내버려 둘 수도 없다. 부모와의 문제가 전부가 아니다. 자녀들과 자녀들 사이의 색이 다르니 그것 또한 갈등의 이유가 된다. 대부분 재혼가정이 다시금 이혼하거나 부부 싸움을 하게 되는 많은 이유가 자녀 문제인 것을 보면 갑절의 노력이 요구되는 부분임을 알게 된다.

신문 기사를 읽으면서 아이의 시간, 아이의 삶을 생각해 보니 주체할 수 없는 눈물이 났다. 하루하루가 아이에게 얼마나 힘들었을까? 죽기 몇 시간 전 보낸 가방 안에서의 시간만 고통이었을까? 결코 아니었을 것이다. 학교에서 집으로 돌아가는 길, 밥상에 둘러앉았을 때 자신을 누르는 공기의 압력에 얼마나 숨이 막혔을까? 귀가가 늦은 아빠를 기다리는 그 마음이 얼마나 애가 탔을까? 구타를 당할 때마다 먼저 떠난 엄마가 얼마나 그리웠을까? 소리 내어 울지도 못한, 누구에게도 말하지 못한 아이의 깊은 속내와 흐느낌이 귀에서 떠나지 않는다.

목사와 재혼을 하면서 나름 꿈을 꿨다. 믿음의 가정, 그것도 목사와의 결혼이니 아이들에게 얼마나 큰 축복일까? 특히 막둥이에게는 형들이 생기고 아빠라는 든든한 보호막이 생기니 얼마나 다행인가를 생각했다. 남편 역시 나에 대해 청소년 사역을 하는 전도사니 나름 기대하는 바가 컸으리라. 하지만 우리는 힘들었다. 결혼 1년이 되지 않아 우리는 법정에 섰다. 유예기간 1달을 날이 선 칼날 위에 서 있는 것처럼 위태롭게 보냈다. 결혼 후 1년의 시간이 혼자 아이를 키우던 10여 년의 시간보다 더 힘들었다. 그렇다면 시간이 지난 지금은 쉬운가 물어본다면 결코 아니다. 하루하루가 팽팽한 외줄을 타듯 긴장을 놓을 수 없는 힘든 과정을 지나고 있다. 우리 가정을 위해 기도하는 손길이 없다면 과연 오늘이 있을까? 말씀 선포자로 살아가지만 자신의 삶은 말씀으로 경작하지 못하는 남편과 나, 경제적인 악순환, 서로가 자신에 대하여 과신했던 시간. 남들에게 보여 주는 모습에 익숙해서 정작 자신들은 자기에 대해 몰랐던 시간이 우리뿐 아니라 우리 자녀를 매우 아프게 했다. 아직도 그 아픔 속에서 때로는 상처를 주고받으며 아파하고 회복을 위해 애씀이 현실이다.

"현대판 팥쥐 엄마"라는 기사 제목을 봤을 때 심장이 덜컥했다. 재혼과 더불어 팥쥐 엄마라는 새로운 이름이 붙여진 나는 이렇게 자문한다. "나는 남편의 아이들을 온전히 사랑하고 감싸 안았는가?" 물리적 폭력만 폭력인 것은 아니다. 소리 없는 폭력이 더 가학적이며 더 깊은 상처를 남긴다는 것을 우리는 안다. 생각이 거기에 미치자 나는 자신할 수가 없다. '나는 아니다'라고 말할 수 없다. 5년이란 시간을 달려오면서 내 아이를 대하는 남편의 모습에 서운함을 느꼈고, 남편의 아이들을 온전히 사랑하지 못하는 굴절된 내 모습도 보았다. 그럼에도 불구하고 오늘을 견디고 내일을 소망한다. 결혼이란 하나님께서 정하신 것이고, 돕는 배필로서의 부부를 선물로 주셨으며, 기업으로 자녀들을 허락하셨음을 믿는 까닭이다. 우리로서는 부족하다. 그래서 온전하시고 신실하신 하나님의 사랑에 붙들린다. 불완전한 부모가 흔들리는 세상 가운데서 자녀들을 돌본다. 온전하신 그분의 돌보심과 도움이 없다면 부모로서 단 하루도 살아갈 수 없으리라.

"주님. 이 땅의 부모들이 어버이 되신 하나님의 마음을 덧입게 하여 주옵소서. 사랑하는 자녀들이 방치되는 일도 목숨을 잃는 일도 없게 하소서. 부모는 자녀들을 자애로움으로 양육하게 하시고, 자녀들은 부모를 공경하는 순종을 배우게 하옵소서. 이 땅의 부모들을 긍휼히 여기시고, 자녀들을 잘 키울 수 있는 지혜와 은혜를 베풀어 주옵소서."

자녀들아 주 안에서 너희 부모에게 순종하라 이것이 옳으니라. 네 아버지와 어머니를 공경하라 이것은 약속이 있는 첫 계명이니 이로써 네가 잘되고 땅에서 장수하리라. 또 아비들아 너희 자녀를 노엽게 하지 말고 오직 주의 교훈과 훈계로 양육하라. － 에베소서 6장 1-4절

그대에게 드릴

바람이 비를 부르니
나뭇잎이 답하고 하늘이 열린다.
나뭇잎을 두드려 빗방울을 만들고
땅을 두드려 빗소리를 만든다.

조금은 더디 가도 좋다고
조금은 멈춰 서 있어도 좋다고
지루한 장마가 시작된다.

창문 밖의 풍경은
언제나 우리네 삶에 반하는 고즈넉함.
그렇지만 보이는 것이 전부가 아니지 않은가?

싱그러운 초록조차도
치열하게 태양과 싸우고 있는지
온몸으로 차가운 빗줄기를 견디고 있는지
우리는 알 수 없다.

바람의 상냥함에도
바람의 거침에도
온몸으로 답하는 초록의 순종이
그대에게 드릴 내 사랑이어라.

깊은숨

시간을 들여 깊은숨을 들이쉰다. 삶이 녹록지 않다. 얼마간의 시간이 지나 돌아보면 힘들었던 시간도 추억이 된다고 하지만 내 삶에 행복했던 나날이 얼마나 되었을까? 의지를 다지고 힘 있게 살았던 시간도 있었지만, 무엇인가에 떠밀려 살아온 시간도 많았고, 어떤 책임감 때문에 살아야만 했던 시간도 있었다. 어쩌면 살아온 시간보다 살아낸 시간이 많았는지도 모른다.

주님의 은혜로 살아왔다는 입술의 고백보다 침묵하시는 하나님이 더 익숙했다. 내 삶에는 도저히 관심조차 없으셔서 마치 버려진 자식과도 같이 살아감에 대한 외로움이 짙었다. 누구도 자신의 삶을 대신 살아 주지 않기에 살아가는 일은 혼자만의 일이고, 그 절대고독을 넘어서지 않으면 어른이 되지 못한다 생각했다. 그렇게 슬픔을 곱씹으며 하나님 앞에서 원망의 눈물을 흘린 삶이 내 삶이다. 힘들고 어려웠기에 짧게 주어지는 달콤했던 시간이 보석처럼 빛나고 그 가치를 위해서 수많은 시간을 고통으로 있어야 했다는 말도 안 되는 고백에 신학적 논리를 입히려고 버둥거렸다.

오랜 시간 함께 기도해 온 기도의 동역자가 있다. 그로부터 들려온 절망적인 소식은 깊은숨을 쉬게 한다. 이제는 조금은 풀어 주셔도 되시건만 왜 이렇게 벼랑 끝까지 몰아가시는 것일까? 벼랑 끝에서 두 팔을 벌려 뛰어내릴 때 "이제야 네가 전적으로 맡기는구나" 하는 한 편의 이야기를 써나가길 원하시는 것일까?

봄은 이미 와 있건만 불어오는 바람은 차다. 모진 찬바람에도 짧은 햇살을 의지하여 가지마다 꽃들이 피어난다. 먼저 핀 꽃이 나중 핀 꽃보다 모진 바람을 더 많이 맞았다고 원망하지 않는다. 먼저 핀 꽃의 생명력을 힘입어 나중 핀 꽃은 아름다움을 뽐낸다. 모든 것은 소멸(消滅)과 생명(生命)이 잇대어 있다는 것은 불변의 진리. 그런 까닭에 헛된 소멸은 없다. 자식은 부모의 노고로 그들의 삶을 꽃피우고, 부모는 그들의 아름다운 성장을 통해 새로운 생명을 경험한다. 부모는 자신의 삶보다 훨씬 멋진 푸름을 자식을 통해 덧입는 것이다. 하룻밤 고열에 시달린 아이가 열이 내리고 나면 수척해진 얼굴과는 달리 몸은 자라 있다. 고통 가운데 부모가 부어 준 소멸의 사랑. 자신을 내어준 사랑이 그를 자라게 한 것이다.

하나님의 은혜는 이런 것이다. 삶에 닥쳐온 고난이 고난으로 끝인 듯해도 끝이 아니다. 부정하고자 발버둥쳐도 살아낸 삶이 그것을 증명한다. 그렇기에 하나님의 은혜는 절망 가운데 또 하루를 살아가게 하는 힘이다. 마음속 가득했던 검은 불만과 원망의 덩어리가 어느새 사라진다. 하나님의 침묵이 세밀한 언어로 내 귀에 새겨진다. 하나님께로 더욱 나아간다.

'나로서는 할 수 없는 것들을 내 어깨 가득 짊어지고 있었구나.'
'지금의 고통은 하룻밤의 고열이었구나.'

발갛게 달구어진 얼굴을 주님은 안고 계셨고, 언제나 그러셨듯이 당신의 소멸로 내게 하루를 살아갈 생명을 부여하셨다.

두려워하지 말라. 내가 너와 함께함이라. 놀라지 말라. 나는

네 하나님이 됨이라. 내가 너를 굳세게 하리라. 참으로 너를
도와주리라. 참으로 나의 의로운 오른손으로 너를 붙들리라.

- 이사야 41장 10절

흔들리는 것은 나였다. 아직도 부서지지 않은 '야곱의 환도 뼈'가 나에게 남아 있다. 하나님은 언제나 변함없이 신실함으로 살아갈 힘들을 부어 주셨다. 절대 서둘지 않으시는 하나님의 은혜가 지금 여기에 있다. 계절을 좇아 꽃이 피는 그 성실함으로 말이다.

딸에게 들려주는 이야기

어디에서부터 길을 잃어버린 걸까? 어느 날부터 너에게서 '하나님'의 존재가 사라졌다. 힘들고 어려운 고비마다 기도로 버텨온 너였고, 항상 그 중심에는 말씀과 기도가 있었기에 엄마는 안심하고 있었다. 어쩌면 안심이라는 말로 모든 것을 피하고 있었던 걸까?

사역자의 자녀란 것이 너에게는 하나의 의무 수행이었는지 모범생인 넌 그것마저도 철저하게 잘해 주었어. 하지만 엄마를 떠나 대학을 들어가 세상의 소용돌이를 혼자 마주쳐야 했을 때, 엄마의 기도, 엄마의 하나님은 세상에서 가장 무능함으로 너에게 다가갔구나. 학비도, 생활비도, 꽃다운 스물 한창 꾸미고 싶을 때 필요한 용돈도, 엄마는 절대 가난으로 너에게 아무것도 해줄 수가 없었다. 거기에 엄마는 너의 마음의 수고로 살아가야 할 만큼 건강마저 잃었다.

기억나니? 수련회 때마다 너는 말했지. "엄마, 이번 수련회에서는 예수님이 날 만나 주실까?" "엄마, 이번에는 예수님이 나의 손을 잡아 주실까?" 모든 것을 과학적으로 증명하고, 경험을 중시하는 너에게, 눈에 보이지 않지만 너와 함께하시는 하나님은 너무나 멀게만 계신 엄마의 하나님이었어. 하지만 네 마음의 간절함은 항상 주님을 찾았고, 힘든 시간을 그분의 힘을 의지해서 견디고 있다는 것을 느낄 수 있었다. 아니 그랬다고 생각한 건 엄마의 믿음이었나? 지금에 와서야 엄마는 너의 믿음에 의문을 찍는다.

어느 날 갑자기 이렇게 된 건 아니었을 거야. 불안을 애써 숨기고 너와 이야기를 나누어야 한다는 것을 알고 있었어. 너와 믿음에 대해, 삶의 방향에 관해 이야기 나누고 싶었지만 어떻게 이야기를 꺼내야 할지 알 수 없었어. 무엇이 두려웠던 것일까? 아마 엄마의 무능이, 아무것도 해줄 수 없는 미안함이 당연히 해야 하는 이야기를 할 수 없게 만들었나 봐. 그러고 보면 엄마 역시 이 우주 만물의 주인이신 하나님보다 눈에 보이는 이 세상을 두려워했는지도 모르겠다.

오늘 「사랑에 안기다」라는 책을 다시금 꺼내 읽으면서 네가 생각이 나서 많이 울었다. 따뜻한 그림을 보며 어린 날의 추억이 떠올랐고, 한 장 한 장 넘길 때마다 "엄마. 그만 읽지 말고 계속 읽어 줘" 하는 5살 아이의 목소리가 귀에 들려오는 것 같았어.

안음. 엄마에게는 널 안아 줄 넉넉한 두 팔이 없었나 봐. 또래보다 웃자라 버린 널 참 많이 외롭게 했다. 어쩌면 넌 고사리 같은 손을 벌려 엄마의 가슴을 안고 있었고 엄마는 너의 그 두 손을 의지하고 살아왔는지도 모른다. 하지만 우린 분명히 알고 있어. 너와 내가 감싸 안은 그 두 팔 위에는 크고 강한 우리 둘을 안고도 남음이 있는 넉넉한 팔이 있었다는 것을 말이야. 그 강하고 한없이 따뜻한 두 팔의 안음. 오늘 '그 품'을 너에게 돌려주고 싶구나.

교환학생으로 간 포르토에서 돌아와 너의 작은 몸이 누우면 꽉 차버리는 좁은 방에서 넌 많은 밤을 울었다고 했다. 넌 그 눈물의 절반 이상이 엄마 때문이라고 했어. 많이 미안하다. 너의 눈물의 근원이 된 것도, 그 눈물을 닦아 주지도 못한 것도 말이야. 사랑하는 딸, 어제나 오늘이나 같음으로 네가 기억하든 기억하지 못하든 너의 기억과는 상관없이 주님은 너와 함께하시고 너의 눈물을 닦아 주시며 밤의 어둠 속에서 널 지키고 계셨고, 지금도 그러하단다.

높은 마음을 품으면 흔들려요, 넘어져요,
앞서 일하시는 주님을 볼 수가 없어요.
낮은 마음으로 걸어갈게요.

가난한 엄마 아빠를 생각하는 마음과 동생들을 향한 맏이로서 책임감이 너의 마음을 높은 마음으로 만들었다. 넌 흔들리고 부딪히며 기우뚱거리며 불안하게 걷는다. 조금만 내려놓자. 조금만 내려놓으면 널 위해 앞서 걸어가시며 너의 삶을 인도하시고 앞서 일하시는 주님을 볼 수 있다.

취업하고 너의 하루는 버티는 하루가 되었지. 코로나로 원하는 직장은 기회의 문조차 열리지 않았고, 원하지 않는 자리에서 이직을 꿈꾸며 하루하루를 버티는 너를 본다. 사방이 공단으로 가려진 사택에서 차가운 바닥에 몸을 누이고 평균적 삶, 보통의 삶에도 미치지 못하는 가난을 곱씹으며 비상을 꿈꾸는 작은 몸이 가엽다.

오늘 하루도 버텨냈어요.
내일도 견뎌낼 거예요.

사랑하는 딸, 무엇을 위한 견딤일까? 너의 그 견딤에 엄마는 위로 하나 더할 수 없지만 견딤이 아닌 날마다 성실로 치환되길 엄마는 손을 모은다. 하나님께서는 수고하고 애쓰는 자를 외면하지 않으시고 이 모든 과정에도 함께하시는 분이신 까닭이다.

하루 또 하루 이렇게 걸어가다 보면
아버지를 만나게 될 거예요.
그때 힘을 다해 뛰어가서 와락, 안길 거예요.
그때 우리 아버지께서 나를 꼭 안아 주실 거예요.
"잘 견뎌냈구나. 여기까지 오느라, 참아내느라 애썼다!"
- 고래일기, 「사랑에 안기다」 중에서

너의 하루를 전능한 주관자이신 아버지께 올려 드린다. 너를 지켜 주시길, 너를 지켜 주시는 하나님을 네가 발견하고, 그분과 눈을 맞추고 같은 호흡으로 호흡하기를 말이야.

그래도 엄마 밥은 넘어가네

사람이란 상황이나 외부의 힘에 굴하는 것이 아니라 바로 그 자신의 내면 때문에 지는 것이다. 이 무력감, 지금 그야말로 바로 눈앞에서 끝내고 싶지 않은 것이 끝나가고 있는데 조금도 초조하거나 슬퍼할 수 없다. 한없이 어두울 뿐이다.

- 요시모토 바나나, 「키친」 중에서

세상에 첫발을 내디딘 고사리 같은 딸이 아프다. 자기가 꿈꾸던 세상에서 낙오된 듯한 상실감과 무엇이든 할 수 있으리라 생각했던 것에서 실패했다는 패배 의식에 아이는 갈 바를 잃었다. 서둘러 어른이 될 수밖에 없었던 아이의 짧은 27해의 인생에는 한 줄 긋기도 힘든 어두운 그늘이 겹쳐져 있다. 부도, 엄마 아빠의 이혼, 편모가정에서의 성장, 엄마의 재혼, 무엇 하나 자신의 선택이나 의지가 아닌 엄마로 인해 짊어져야 했던 것들을 아이는 마치 자신의 몸 일부로 삼았다. 살아남는 것이 전부였던 엄마는 그 짐의 무게도, 딸만의 인생도 가늠해 보지 못했다. 많은 배움과 지식으로도, 신앙으로도 그것을 알 수 없었던 것은 우린 그렇게 살아야 하는 줄만 알았기 때문이다. 하루하루 그렇게 멈추어 서서 서로를 바라보며 생각할 틈 없이 자신의 분량 이상을 열심히 살아야 했고, 돌아와서는 웅크린 몸을 서로의 온기로 비비며 곤한 몸을 누였다. 딸은 엄마가 좀 더 편한 삶을 살기 원했고, 동생들은 자신과 같은 삶을 살기 원치 않았다.

자신의 꿈보다는 빠른 취직 보장을 위해 선택한 전공, 인도네시아로 가서 인턴 생활까지 하며 애썼건만 직장으로 이어지지 않았다. 최종 면접까지 간 모기업 역시 결국 되지 않았다. 아이는 조급했고, 엄마는 여전히 가난했다. 천천히 다음을 준비할 틈이 없다. 이직을 염두에 두고 그렇게 들어간 보험회사. 오로지 걸어서 버스를 타고 기차를 타고 아이는 전국을 돌아다니며 계약에 목을 맸다. 하루하루 계약에 따라 순위가 매겨지는 숨 막히는 마감. 딸은 서서히 죽어 갔다. 어느 한 곳 다리 뻗을 곳도, 기댈 곳도 없이 매일 자신을 삼키는 어둠과 싸워야만 했다. 우울과 거식을 앓던 그 어느 날 편의점으로 향했고, 묵직한 커터칼을 손에 쥐었다.

늦은 시간 역에 도착한 너의 어두운 얼굴보다 마주하지 않는 눈이 엄마 마음을 아프게 했다. 더 작아진 몸, 창문 너머를 바라보는 초점 잃은 눈. '내가 널 이렇게 망쳐 놓았구나.'

늦은 잠에서 깬 너와 장을 보았다. 닭을 사고 전복을 넉넉히 샀다. 이것저것 사는 것을 본 너는 말한다. "엄마, 나 잘 못 먹어. 괜한 돈 쓰지 마." 엄마는 마음으로 악을 썼다. "돈. 돈. 그놈의 돈."

집에 돌아와 약재도 넉넉히 넣고 한방삼계탕을 끓였다. 닭 껍질을 전부 벗겨냈다. 그런데도 떠오르는 기름은 시간을 들여 걷어냈다. 줄어든 위에, 음식을 거부한 너의 속이 놀랄까 봐 기름기 없는 맑은 국물을 만들었다. 다리 살을 바르고 전복을 잘라 닭 속에 넣어 둔 찹쌀밥을 떠서 상을 차렸다. 숟가락조차 무겁게 느껴지는 너의 작은 손은 느린 동작으로 한술 떠 입으로 가져갔다.

"그래도 엄마 밥은 넘어가네."

시간을 들여 딸애는 한 그릇을 비웠다. 시간을 들인 한 그릇의 온기는 얼굴에 화색을 만든다. 잘 먹는다는 것은 홀러가는 날들에 쐐기를 박는 일인지도 모른다. 그래서 엄마 밥은 그냥 흘러가지 않는다. 우리의 피와 살이 뼈와 근육 안에 스며들어가 그것들을 자라게 한다. 몸은 기억하는 것이다. 엄마 밥이 사랑이고 엄마 밥 한술이 안정이라는 것을 말이다.

매일 아침 시간을 들여 무기력으로 늘어진 딸을 일으켜 밥을 먹였다. 음식에 들인 시간만큼 느린 속도로 입으로 가져갔다. 그래도 다행이다. 그래 먹어야지. 동생과 빗속을 뚫고 팥칼국수와 바지락 칼국수를 먹고, 제법 기운을 차린 딸애와 처음으로 샌드위치를 만들었다. 상추와 깻잎, 토마토와 달걀을 호두 곡물 식빵에 넣어 부피감 있게 만들었다. 어쨌든 먹어야 한다.

영적인 회복도 몸의 건강이 받쳐 주어야 가능하다. 지나치게 먹어 영적으로 둔감해질 수도 있지만 지나친 거식과 공복도 영적인 회복을 더디게 만드는 요소다. 영적으로 회복되면 거친 세상을 헤쳐 나갈 또 다른 힘을 얻는다. 하나님께서 우리의 몸을 만드시고 영을 불어넣으신 그 섭리가 우리가 먹고 육신의 몸을 잘 유지해 나가는 것에 깃들어 있다. 엄마 밥이라서 엄마랑 함께 먹는 밥은 먹힌다. 그 이유가 뭘까? 거친 세상과 다른, 하나님의 사랑이 하나님의 평안함이 함께하는 엄마라서 딸아이가 안식하는 것이리라. 이 또한 하나님께서 우리에게 부모를 허락하신 이유 아니겠는가?

이 땅의 자녀들이 엄마 아빠 품에서 평안을 누리기를, 비록 세상은 거칠어 우리의 마음을 아프게 하고 두렵게 만들지라도 부모님의 사랑 속에서 보이지 않는 하나님의 사랑을 누리고 알아 가기를 소망해 본다. 사랑하는 딸 힘내자. 주님이 너와 함께하신다.

달콤함을 더하는 신맛

성도님 가정에 식사 초대를 받았다. 출발하기 전 수박 한 덩이를 살 요량으로 과일 집으로 갔다. 과일 집 앞 진열대에는 때를 맞춘 자두가 박스마다 씨알을 달리해 담겨 있다. 빨간 색깔만큼이나 단내가 코를 찌른다. 수박을 살 마음이었는데 자꾸만 단내가 유혹한다. 그래도 선물로 드리려면 조금은 커야 할 텐데…. 자두 값이 아무리 수박 값보다 웃돌아도 선물로 드리기에는 손이 민망하다. 보이는 것, 남의 눈을 의식하는 것은 속된 것이지만 나는 여전히 자유할 수 없다. 코끝을 자극하는 단내도 포기할 수 없고 나의 속됨도 외면하지 못해 결국 수박은 선물로, 자두는 나를 위해 구입하고 만다.

난 자두가 좋다. 한 입, 두 입, 세 입을 넘기지 않는 그 안타까움이 좋고, 냉장고에 넣었다 차갑게 먹으면 이를 튕기는 과육의 탱탱함이 좋다. 거기다 마지막 씨 부분에 붙은 결이 살아있는 살점들을 입안에 넣어 신맛이 미지근해질 때까지 굴리는 재미가 좋다. 나는 빨간 자두가 단 것으로 알았다. 자두를 살 때마다 범하는 실수였다. 온몸이 빨갛다 못해 검은 보랏빛을 띠는 물렁한 자두를 곧잘 골랐다. 하지만 집에 와 자두를 씻으면 후회하게 된다. 무르고 단맛이 다 빠져나간 그 흐물거림. 노란 부분이 섞여 있고 잡았을 때 단단한 여물기가 만만해 보이지 않은 녀석이 오히려 달다는 것을 알면서도 어쩌면 매번 그렇게 속을 수가 있을까? 마치 시고 물렁한 지난날의 나를 닮은 자두에 대한 연민으로 자꾸만 손을 뻗게 되는 것 같다.

인생에 있어 모든 순간이 단맛과 단단함이 조화를 이루지는 않는다. 단맛보다 색이 더할 때도 있고, 겉으로는 모르지만 속으로 깊은 단맛을 내는 시기도 있다. 그럼에도 불구하고 부인할 수 없는 한 가지 진리는 있다. 안으로 안으로 아리는 신맛이 밴 씨가 단맛을 만들어 낸다는 것. 그런 까닭에 "슬픔을 맛본 사람만이 자두 맛을 안다"라고 나태주 시인은 표현했는지도 모른다. 인생마다 아리는 신맛이 결을 이룰 때도 있고, 때로는 모든 것이 빠져나가 물렁한 결을 이룰 때도 있다. 그게 은혜다. 신맛, 단맛, 팽팽한 긴장함, 적당한 여유로움. 삶의 여러 결들을 채워 하나님께서 이루어 가는 '나'라는 사람이다.

모든 과실(果實)에는 사계절과 작은 우주가 담겨 있다. 어머니의 젖가슴처럼 보드라운 흙에 뿌리를 내려 내면의 강건함을 키우는 겨울을 지난다. 생명력 더하는 봄비와 한여름의 강렬한 태양을 견딘 생명들에게 내미는 가을의 바람이 담겨야 비로소 하나의 열매를 맺게 된다. 그 과정을 어떻게 보냈느냐에 따라 단단하기도 달기도 다르다. 모든 열매가 달고 단단하면 좋으련만 우리 인생도 열매도 그렇지 않다. 그럼에도 모든 인생이 귀하듯 시간을 견뎌온 모든 열매가 귀하다. 인생의 꽃을 피우기도 전에 저문 생명처럼, 수확을 기다리지 못하고 이내 져 버린 열매에 아쉬움과 안타까움이 더해지는 것도 이 때문이리라.

처방약을 끊은 딸애는 오전 내내 무기력을 못 이긴다. 자다 깬 딸애에게 자두 한 알을 건넨다.
"달지?"
"응. 씨알도 굵네."
"우울증에 좋대."
"하하. 신기하네, 한 입 먹었는데 그런 것 같아."

딸아이는 어느 계절을 지나고 있는 것일까? 아마도 뜨거운 태양 아래 모든 수분을 날리고 허덕이며 하늘을 보고 있는지도 모르겠다. 향기가 뭉긋 풍기고 달콤한 과즙이 주르륵 흐르는 최상품의 자두가 되어 주면 좋으련만, 달지 않더라도 단단한 마음을 숨아내는 사람으로 이 시간들을 견뎌 주기를 바라는 마음을 딸아이는 알까? 엄마처럼 시고 물렁한 시간들이 인생에 찾아올지라도, 그 시간은 그 시간대로 단맛을 끌어올리는 신맛처럼 하나의 결이 되기를, 그리하여 내면의 단단함이 생기기를 소망해 본다. 내가 바라보는 유한의 시간이 아닌 하나님의 영원의 시간 속에서 느긋함으로 딸애를 지켜 주고 싶다.

찬란한 일상

"또 하루가 시작되네."
새벽기도 후 잠시 눈을 붙인 게 영 아쉬운지 채 뜨지 못한 눈을 비비며 남편이 입을 뗀다. 그러게. 또 하루가 시작되었다. 목포에 온 뒤로 시간은 도둑맞듯 휙휙 내 손에서 빠져나간다. 벌써 반년이다. 그런데도 이 '낯섦'은 무엇일까?

도무지 적응할 수가 없다. 아니 마음을 둘 수 없다고 해야 할까. 사역지를 옮길 때마다 연고지였거나 아는 사람이 있었던 것은 아니다. 늘 타향이었다. 그런데도 정들면 고향이라는 마음이 생겼고 그때마다 사람이 있었다. 코로나의 영향도 있겠지만 주일 성도님들을 향한 예배 전후의 인사 외에는 얼굴 마주칠 일이 없다. 남편, 막둥이를 제외하고 아침 회의 때 얼굴을 보는 직원 두 분과 여전도사님이 전부다. 아침 회의가 없는 날에는 온종일 입을 열어 대화할 상대가 없다. 딱히 사람을 만나 이야기 나누는 것을 즐기는 것도 아니고 사람을 필요로 하는 성격도 아니지만 타향에서의 삶은 내가 '관계 속에 살아가야 할 사람'으로 지음 받았음을 부정당하는 '고립'이다.

우리는 짧고도 유한한 삶을 살아가지만, 그분의 계획하심이 아닌 부분이 있을까? 그렇게 말한다면 지금 이 고립무원의 시간 역시 하나님께서 우리를 빚어 가는 시간이실 터인데 나는 무엇을 바라고 기대해야 할까?

우리는 자신의 완벽함과 눈부심을 드러내는 삶이 아니라 일상생활 속에서 하나님의 은혜의 기이함을 드러내도록 창조되었습니다. 매일 되풀이되는 단조로움이 우리의 성품을 결정하는 시금석입니다.
- 오스왈드 챔버스, 「주님은 나의 최고봉」(6월 15일) 중에서

우리는 어떤 찬란한 순간을 위해 지음 받은 것이 아니라 일상생활 속에서 그 찬란한 빛 가운데 걷도록 부름을 받았습니다.
- 오스왈드 챔버스, 「주님은 나의 최고봉」(6월 16일) 중에서

내가 꿈꾸는 찬란한 일상은 하나님께서 가르쳐 주시는

'찬란함'과는 다른 것인가 보다. 그분은 오로지 나의 상황과 상관없이 너의 일상은 나로 인하여 찬란하다고 말씀하신다. 고립무원 속에 고독을 곱씹으며 내 힘으로 어쩔 수 없는 문제들을 맨살로 마주하는 이 시간이 오히려 "눈부심이다"라고 말씀하신다.

많은 갈채를 받는 사역을 했다. 잘 짜인 시스템 안에서 많은 동역자들과 함께 편하게 일했다. 잘 훈련된 섬김으로 사역자로서 존중도 받았다. 그 모든 시간이 무용하다 말할 수 없지만 주님이 받으셔야 할 영광을 혹 내가 가로채 누리고 있었던 것은 아닐까? 마치 예루살렘 입성 때 예수님이 타신 나귀처럼 말이다. 많은 대형교회 부교역자들이 개척을 하거나 작은 교회의 담임으로 나가면 함께 일할 동역자들의 부족을 겪는다. 훈련되지 않은 이들로부터 받는 외로움은 깊어 간다. 그런 경우 사역의 역동성을 잃어버리거나 우울의 늪에 빠지는 경우가 종종 있다고 한다. 교회학교 사역자인 내가 많은 일을 감당해 오신 그분들과 비교할 바는 아니다. 하지만 헌신되지 못한 교사들과 버거운 사역을 해야 하는 작은 교회의 사역은 활력을 잃고 종종 무기력에 빠지게 된다. 매일 되풀이되는 단조로움이 우리의 성품을 결정하는 시금석이 된다는 오스왈드 챔버스의 말처럼 지겹도록 느리게 흘러가는 이 시간, 코로나로 모든 사역의 길이 막히고, 고립무원의 절대고독을 느끼게 되는 이 시간이 지금까지 사역자로서의 나의 모습이 드러나고, 앞으로의 사역의 길을 가늠하게 되는 시금석이 되는 것이 아닐까? 시스템이 아닌 사람, 프로그램이 아닌 영혼, 박수갈채가 아닌 은밀한 기도의 시간에 초점을 맞춰 가야 할 때다.

"또 하루가 시작되네."
"아무런 변화도 일어나지 않는 오늘."
"어제와 별 다를 것 없는 오늘."
"지극히 평범함."
"부인할 수 없는 무기력."

또 하루가 시작되었다. 그렇게 하루가 흘러간다. 내가 이 하루를 눈부실 것 없는 찬란함으로 견뎌낼 수 있는 까닭은 그 속에서 오롯이 빛을 발하는 주님이 계시기 때문이다. 그분 안에서 내 영혼은 오늘도 안녕하며 감추어진 보석처럼 빛난다.

산사에서

보이지 않는 폭력이 그 무엇보다 더 깊은 흔적을 남긴다. 그것은 폭력을 휘두른 자가 깨닫지 못함과 그 변화 없는 잔혹한 지속성에 몸보다 마음이 견디지 못하는 까닭인지도 모르겠다. 마주치고 싶지 않았다. 목소리도 듣고 싶지 않았다. 가능한 한 그림자조차 멀어지고 싶었다. 그렇게 우리는 누군가를 피해 짧은 여행길에 올랐다.

집에서 한 시간 남짓 달려 도착한 곳은 해남. 해남은 이번으로 세 번째 걸음이다. 한반도의 서남쪽 모서리에 자리 잡아 땅 끝 마을이라 불린다. '어부사시사'로 유명한 고산 윤선도의 본관이 해남이다. 땅끝 마을인 해남, 여행길에 들린 정동진, 잠시 지낸 정중앙 양구, 시댁 가는 길에 지나치는 장흥은 정남진이다. 어쩌다 보니 대한민국 동서남북 사방을 유랑하는 삶을 살게 되었다. 떠도는 삶. 그렇게 오늘도 우리는 정처 없이 떠돈다.

해남에 관한 첫 기억은 온통 '붉음'이다. 차창 밖으로 보이는 모든 땅이 붉었다. 양파 밭도 고구마 밭도 온통 붉음. 말로만 듣던 '황토고구마'가 여기서 나는 것이로구나. 붉은 색은 '힘', '건강함', '정열'을 의미한다. 푸드테라피에서도 붉은 고명은 입맛을 돋우는 시각적 재료로 사용된다. 그래서일까? 붉은 땅에서 난 그 생명은 왠지 더 건강함을 타고난 듯하다. 불현듯 짧은 시간이었지만 고맙고 그리운 강원도의 얼굴들이 떠오른다. '고구마 빵'이라도 사자. 이미 전국의 명물이 되어, 서울의 모 백화점에도 들어가 있을 만큼 유명한 빵이다. 그럼에도 그리운 얼굴들이 있는 곳에는 백화점도 없을뿐더러, 설혹 백화점에 간다 할지라도 이런 빵을 살 줄 모르는 붉은 황토색을 닮은 사람들이다. 5박스를 포장했다.

"네 형제를 내 몸과 같이 사랑하라", "서로 사랑하라"는 예수 그리스도의 말씀은 사랑을 받으면 그것이 사랑인 줄 알고, 그 받은 사랑으로 다른 이들을 섬기고 사랑하며 살아가라는 말씀 아니겠는가? 사랑을 받고도 흘려보낼 줄 모르고 그 받는 사랑이 자신이 대단해서라 생각하는 사람, 자기밖에 모르는 사람들은 가슴에 칼날이 서 있다는 것을 본인들은 모를 것이다. 사역자라는 이유만으로 섬김을 받을 때가 많다. 내 가슴에는 칼날을 품고 있지는 않은지 돌아본다. 나도 모르게 성도님들에게 상처 입히는 일은 없었는지, 보이지 않는 폭력을 휘두르는 자가 되어 있지는 않은지 돌아본다.

누군가를 피해 나온 걸음인데 돌아가기에는 턱없이 이른 시간이다. 다시 방향을 틀어 강진으로 향한다. 조용한 산사를 찾았다. 울창한 숲에 안기듯 앉아 있는 '백련사'다. 백련사는 839년 신라승려 무염이 창건했다. 조선시대에는 혜장스님이 머물면서 유배 온 다산 정약용과 우정을 나누었다. 10살 넘어나는 나이 차이에도 불구하고 두 사람이 나눈 시문과 편지는 다산이 친필로 정리한 서첩인 「견월첩」에 고스란히 남아 있다. 유배 온 다산과 속세를 떠난 스님과의 우정. 나이와 추구한 진리가 다름에도 깊은 우정을 나눌 수 있었던 것은 어쩌면 자연이 그들에게 허락한 보편적 진리와 은혜가 있었기 때문은 아니었을까? 불현듯 내게는 그러한 벗이 있는가 돌아본다. 책을 읽고, 그것을 나누고, 신앙을 하고, 기도제목을 나누고, 삶을 살아가고 이야기를 엮어 갈 수 있는 그런 벗. 바로 내 옆에서 그런 벗으로 익어 가는 남편이 있으니 내 인생도 그렇게 나쁘지 않다. 그들이 걸었던 길은 동백나무와 뿌리로 덮여 있다. 백련사에서 동백나무를 따라 2km 남짓 걸어가면 다산 초당이 있다. 남편과 나. 적막한 산사를 걷는다. 이렇듯 다양한 새소리와 붕붕거리는 벌 소리를 가까이에서 들었던 적이 있었을까?

이름 모르는 새가 와서 울었다
배롱나무에서 울었다
배롱나무는 죽었지만 반짝였다
울고 난 새가 그늘에 묻힌
작약이 흔들리는 것을 보았다

- 오규원, 「해가 지고 있었다」 중에서

창가 바로 아래에는 100년은 족히 되어 보이는 배롱나무가 있었다. 소쩍새, 뻐꾸기…. 도시여자가 들어 보았을 법한 새 이름은 이다지 빈약하다. 그들만의 목소리로 지저귀지만 그 소리들이 묘하게 하모니를 이룬다. 시기도 질투도 없다. 그저 자기다움이 아름다움이 되고, 서로의 다름이 조화롭다. 볕드는 대로 색깔을 달리해 시간을 담아내는 나뭇잎들 사이사이 노란 갓꽃이 눈부시다. 내 인생의 봄은 오지 않은 듯하건만 봄은 저만치 멀리 달아나려 한다. 시린 것은 몸이 아니라 마음이었던가. 처연히 모가지가 떨어진 동백이 그립다. 다산 초당은 다음에 가자. 동백이 저 버린 숲길은 그리움만 남아 갈 길 잃은 동박새의 울음이 설움기만 하다.

부부라는 접목(椄木)

여러 관계 속에서 다양한 사람들을 만난다. 사람들이 공통적으로 갖는 보편성이 있지만 개성은 저마다의 성장배경과 가치관을 통해 관계 속에서 드러난다. 때로는 그 개성이 사람을 편하게도 하고 불편하게도 한다. 사람을 판단하고 구분하는 것은 아니지만 관계 속에서 빚어지는 마음의 불편함에 따라 친밀감 역시 달라진다. 이야기하고 놀기에 좋은 사람이 있다. 일하기에 좋은 사람이 있다. 함께 책을 읽으며 아무 말 하지 않아도 그저 같은 공간에 있는 것으로 충족되는 사람이 있지만, 그런 공간이 숨 막히도록 불편함을 주는 사람도 있다. 다방면으로 좋은 사람이 되고 싶다는 것은 욕심일 뿐, 다만 어렵고 힘들 때 이야기를 들어줄 수 있는 사람이 되고 싶다.

셋째 녀석이 작은 문제를 일으켰다. 이미 작년에 일어난 일이었는데 어쩌다 보니 오늘에까지 이르러 문제해결을 위해 부산으로 가야 한다. 아이에게 카톡이 왔다.
"엄마가 와요? 아빠가 와요?"
아마 둘 다 가게 되지 싶다고 하니 녀석 갑자기 말이 없다. 카톡이 나에게 온 거로 미루어 물어본다.
"왜, 엄마 혼자 갔으면 해?"
아이는 아빠가 불편하단다. 친아빠보다 새엄마가 편하다니 나로서는 감사할 일이겠지만 남편에게 뭐라 말할지 난감하다. 4시간 거리를 혼자 운전하기도 벅차다.

셋째 넷째는 남편의 아이들인데 남자아이들이다 보니 이래저래 손 가는 일이 많다. 남편 처지에서는 늘 문제 뒷수습을 해야 하니 마음이 상하고, 곧 성인인데 이런 일들이 반복되니 지칠 만도 하다. 그런데 아이 입장에서는 자신의 잘못은 잘못이지만 조금만 혼나고 싶은 것 아닐까? 조심스럽게 남편에게 말을 건넸다.

"셋째한테 화 안 냈으면 해요. 충분히 반성하고 혼자 힘든 시간 보냈으니까 화내지 말고 잘 가르치고 다독였으면 좋겠어요."

바로 불이 떨어진다. 아이가 염려한 것이 이런 반응이었으리라. 차근차근 아이의 입장이 되어서 말을 건네고 남편과 이야기를 나누지만 재혼한 아내와 이런 이야기를 나누는 일 자체가 스트레스일 거라는 생각을 하게 된다.

남편은 많은 강점이 있음에도 불구하고 표현하는 방법이 서툴다. 그렇다 보니 본의 아니게 오해를 살 일도 많고, 강점들보다 약점들이 도드라지게 된다. 유독 아이들 문제에서 예민한데 그것은 남편의 문제뿐 아니라 나 역시 그러하고 자녀를 데리고 재혼한 부부라면 누구나 겪는 일일 것이다. 재혼을 통한 상대방의 자녀들은 일종의 입양이다. 내 자식이지만 내 자식이 아니다. 특히 어려서부터 함께 지내지 못한 다 자란 아이를 입양하게 되면 서로를 잘 이해해 줄 것 같음에도 자라온 환경과 자신들의 삶의 습관들로 인해 겪는 갈등이 적지 않다. 그런데도, 자녀의 문제는 부부의 문제와 별개일 수 없고 삶의 문제와 분리되지 않는다.

주께서 주신 복으로 나의 비루한 삶에 어울리지 않게 세 아이는 칭찬받는 아이들로 잘 자라 주었고, 문제를 일으키거나 엇나가는 일 없이 생활해 왔다. 그러나 남편의 두 아이는 뒷손이 필요하고 언제 터질지 모르는 폭탄 하나를 지니고 살듯 불안한 가슴을 졸이고 지내야 하니 남편 입장에서는 나에게 미안하기도 하고 자존심도 상하는 일인지 모르겠다. 아마 반대 입장이라면 나 역시 그러하지 않았을까? 또한 남편은 어려서부터 빈곤한 가운데 늘 한계에 다다르는 최선으로 성실하게 살아왔다. 다른 사람들이 수월하게 걸어가는 길조차도 자신의 힘으로 개척해 걸어야 하는 힘든 삶들의 나날이었다. 그 마음의 억눌림과 지침들은 자신의 역량을 넘는 책임 소재에 대해 의연함보다는 불안으로 반응하게 했다.

여호와 하나님이 이르시되 사람이 혼자 사는 것이 좋지 아니하니 내가 그를 위하여 돕는 배필을 지으리라 하시니라.
- 창세기 2장 18절

하나님께서 허락하신 부부는 '경쟁자'도 '비난하는 자'도 아닌 '돕는 배필'이다. 자신의 연약함이 드러나도 안심할 수 있는 공간이 부부의 공간이다. 아니 오히려 각자의 연약함을 채워 주고 보듬어 다시금 일어서 온전한 하나가 되는 연합이 부부다. 우리 부부에게 부족한 것은 무엇일까? 남편의 부족을 말하기 전에 나에게 부족한 부분을 생각해 본다.

"나는 당신과 달라", "내 아이들은 당신 애들이랑 달라"라는 부분은 없었을까? 자존심이 바라보는 바를, 들려지는 이야기를 왜곡시킨 것은 없었을까?

이제 재혼한 지 5년이다. 서로를 알아 가는 것에도 시간이 필요하겠지만 자녀의 문제는 더 많은 시간이 필요하리라 생각한다. 그럼에도 불구하고 자녀는 하나님께서 자라게 하신다. 하나님 앞에서 한 사람으로 성숙하여 간다. 다행히 남편의 두 아이가 새엄마인 나를 편안하게 생각하고 속내를 털어놓고 의지해 주니 감사할 뿐이다. 남편과 나도 시간이 농익어 갈수록 서로를 더욱 깊이 신뢰하고 서로의 부족을 감싸 안으며 삶을 나눌 수 있는 사람이 되어 가면 좋겠다. 아이들을 통해 어른이 되어 간다. 자녀를 통해 부모가 되어 간다는 진리를 잊지 말자. 자녀는 내 것이 아니라 그분이 잠시 맡겨 둔 선물이라는 것을 기억하며 하나님 앞에 자녀를 내려놓는 신앙의 작업을 게을리하지 않아야 하리라.

접목

— 복효근

늘그막의 두 내외가
손을 잡고 걷는다
손이 맞닿은 자리, 실은
어느 한 쪽은 뿌리를 잘라낸
다른 한 쪽은 뿌리 윗부분을 잘라낸
두 상처가 맞닿은 곳일지도 몰라
혹은 예리한 칼날이 내고 간 자상에
또 어느 칼날에 도리워진 살점이 옮겨와
서로의 눈이 되었을지 몰라
더듬더듬 허공에 길을 내고
그 불구의 생을 부축하다 보니 예까지 왔을 게다
이제는 이녁의 가지 끝에 꽃이 피면
제 뿌리까지 환해지는,
제 발가락이 아플 뿐인데
이녁이 몸살을 앓는,
어디까지가 고욤나무고
어디까지가 수수감나무인지 구별할 수 없는
저 접목
대신 살아주는 생이어서
비로소 온전히 일생이 되는

초기화

F4. F4. F4. / 초기이미지. / 복원. / 예.

모든 것이 깨끗이 지워졌다.

흔적조차 남지 않았다. 출고될 당시의 모습으로 백지화되었다. 많은 시간이 걸리는 것도, 흔적이 남는 것도, 상처가 남는 것도 아니다. 그냥 그대로 깨끗이 지워졌다. 사라졌다. 내가 걸어온 3년이라는 시간이 일순 사라졌다. 내가 생각하고, 내가 말하고, 내가 쓴 모든 기억이 단 하나도 남김없이 사라졌다.

남편에게 물려받은 노트북에 문제가 생겼다. 넘겨받을 때부터 언제 고장 날 지 알 수 없는 물건이었기에 3년이라는 시간을 버텨 준 것만으로도 고마웠다. 하지만 사역에 개인 노트북이나 PC가 지급되지 않는 교회다. 진짜 필요로 하는 지금 고장이 나버렸으니 난감하기 그지없다. 조금의 여유도 없는 형편이건만 남편은 중고시장에서 제법 쓸 만한 노트북을 찾아 보험 대출로 새 노트북을 사준다. 무슨 노트북을 대출까지 받아 가며 사나 싶지만, 밥 벌어 먹고사는 일에 필요하니 어쩔 수 없지 않은가? 다행히 카드 할부보다는 마음 편하게 갚아 나갈 수 있을 듯해 다행이다. 그런데도 한동안 하나를 얻고 하나를 잃게 되는 생활을 해야 한다.

남편은 고장 난 노트북을 당근마켓에다 팔아 볼 요량으로 초기화시켰다. 3년이란 시간의 작업이 그렇게 손가락 동작 몇 번에 지워졌다. 그것을 보고 있노라니 나도 모르게 이런 말이 나왔다.

"우리네 인생도 이렇게 쉽게 초기화될 수 있다면."

하나님께서는 왜 우리 인생에는 이런 리셋버튼을 허락하시지 않으셨을까? 혼자 웅얼거리는 것이었는데 남편은 웃는다.
"왜? 결혼 물리고 싶나?"
그러나 분명 하나님께도 리셋버튼이 있다. 우리가 생각하는 방식, 내가 원하는 방법은 아닐지라도 말이다.

새롭게 사용하게 된 노트북도 이전 주인이 1년이란 시간을 함께 보낸 물건이다. 그런데 노트북에서 이전 주인의 그 어떤 흔적도 발견할 수가 없다. 누가 어떤 용도로 사용했는지, 어떤 글을 쓰고 어떤 글을 읽었으며 무슨 검색을 했는지도 알 수가 없다. 출고될 당시의 zero 상태로 이제부터 내 손에서 읽히고 써나가게 될 백지로 마주한다. 우리네 인생도 이렇게 백지화시킬 수 있다면 얼마나 좋겠는가? 실수의 현장, 내가 넘어진 자리, 나의 부끄럼과 수치가 된 것들, 돌이킬 수 없는 상처를 남긴 선택의 순간들, 살아보고서야 후회하게 된 것들, 너무나 눈에 보이는 잘못들, 우리의 과도한 욕심이, 세상에 팔린 눈이 그렇게 이끌어 버린 것들…. 이 모든 것들을 백지화하고 초기화할 수 있다면 얼마나 좋을까?

하나님의 리셋버튼은 세상 것과 달리 모든 것을 백지화시키지 않는다. 하나님의 초기화는 어쩌면 바둑에서 대국을 끝낸 후 이루어지는 패자를 위한 복기(復棋)의 시간과도 같다. 즉 대국의 내용을 대국자 두 사람이 처음부터 재연하듯 실패의 현장을 마주하는 과정을 필요로 하는 초기화이다. 그런데 이 과정이 실로 괴롭다. 차라리 그 자리를 피하고 회복을 포기하고 싶을 만큼 아픔과 수치가 크다. 그 아픔과 수치는 자신의 자아가 강할수록, 아집이 클수록 더 치명적이고 아프게 다가온다. 하지만 복기의 과정을 통해 비할 수 없이 일취월장하는 자신을 마주하듯, 하나님과의 복기의 과정은 완벽하신 하나님의 은혜를 덧입어 새로운 소명의 자리로 이끌림을 받게 한다.

"새벽 닭 울기 전 네가 나를 세 번 부인하리라"는 말씀에 베드로는 얼마나 호언장담을 하였던가? 다른 이들이 다 주님을 버려도 나는 주님을 부인하지 않으리라 큰소리쳤다. 아마 목소리는 그의 호탕한 성격만큼이나 우렁찼을 것이다. 그의 입가에는 결연한 다짐과 더불어 다른 이들을 우습게 보는 교만의 미소가 서렸을지도 모른다. 부리부리한 눈으로 예수님을 똑바로 바라보며 자신보다 자신의 몸을 크게 보이려 팔을 흔들었는지도 모른다. 그런데도 예수님은 단호히 말씀하셨다. "네가 나를 부인하리라."

그렇게 예수님은 당신의 말씀대로 잡히셨고 베드로는 예수님을 부인했다.

베드로가 이르되 이 사람아 나는 네가 하는 말을 알지 못하노라고 아직 말하고 있을 때에 닭이 곧 울더라. 주께서 돌이켜 베드로를 보시니 베드로가 주의 말씀 곧 오늘 닭 울기 전에 네가 세 번 나를 부인하리라 하심이 생각나서 밖에 나가서 심히 통곡하니라.　　　　　　　　　　– 누가복음 22장 60-62절

호기롭게 주를 보던 눈이 잔뜩 주눅이 들었다. 깊이를 알 수 없는 주님의 눈에 비친 비겁한 자신의 모습을 바라본다. 자신의 모습을 담아낸 물기 가득한 그 눈에는 어떤 원망도 찾아볼 길 없다. 단지 슬프고 다만 아프다. 너의 절망이 너의 비겁과 약함이 채찍과 손찌검에 찢어진 눈가 상처에 통증을 더할 뿐.

"알고 있었다. 알고 있었다. 사랑하는 베드로야, 나는 알고 있었다."

책망이 아닌 나의 실수, 나의 교만, 나의 욕망을 감싸 안고 자신의 수치로 떠안아 버리는 그런 눈. 베드로는 자신의 죄책과 수치를 한밤의 통곡으로 씻어 버리고자 했다. 그러고는 잊었다. 왜? 잊는 것이 오히려 편하니까. 그렇게 베드로는 다시금 디베랴 호수에서 그물을 던졌다. 하지만 사랑의 주님은 그곳으로 베드로와의 복기를 위해 모습을 나타내신다.

세 번째 이르시되 요한의 아들 시몬아 네가 나를 사랑하느냐 하시니 주께서 세 번째 네가 나를 사랑하느냐 하시므로 베드로가 근심하여 이르되 주님 모든 것을 아시오매 내가 주님을 사랑하는 줄을 주님께서 아시나이다. 예수께서 이르시되 내 양을 먹이라. - 요한복음 21장 17절

우리 주님의 초기화 현장이다. 우리의 죄과는 주님의 편에서 백지화되고 우리에게는 새로운 사명의 옷이 입혀진다. 근심과 고통, 아픔은 잠시다. 주님은 "나는 너의 잘못은 기억하지 않겠다. 다만 너는 오늘의 복기를 기억하고 사명자의 길을 걸어라" 말씀하신다.

눈물의 기도로 자라는 아이

잔뜩 흐린 가운데 비가 흩뿌리는 아침이다. 어거스틴의 「참회록」을 다시금 펼쳐 들고 정독한다. 목적을 가지고 읽었을 때와 달리 의식 없이 읽어 가는 가운데 얻게 되는 평안과 울림이 크다. 자녀의 신앙을 위해 고민하지 않는 부모가 있을까? 제대로 신앙생활을 하고자 하는 부모라면 이 세상을 살아가는 자녀들을 위해 고민하고 기도하는 것이 당연하다. 아이가 신앙생활을 잘하든 못하든 상관없다. 사역하면서 신앙 가정의 부모들이나 교회학교 교사들과 이야기를 나누어 보면 남의 자식 신앙은 걱정하지만 내 아이, 우리 아이들에게 대한 염려는 크지 않다. 늘 말씀 안에 있다고 생각하고 교회 안 아이로 생각하는 까닭이리라.

큰 아이가 대학을 진학하여 따로 생활하게 되었을 때 상상하지 못했던 일들이 내 앞에 다가왔다. 힘들고 어렵다는 고3을 보내면서도 개인 경건을 게을리하지 않았던 아이다. 그런 아이가 엄마 곁을 떠나 객지에서 생활하면서 마주한 세상은 쾌락 그 자체였다. 아이는 마치 땅에 발이 닿지 않는 것처럼 세상 속에 부유(浮游)하기 시작했다. 일주일에 한 번 교회 대학청년부에 목숨을 연명하듯 출석하긴 했지만, 마음은 세상을 향한 질주를 멈추지 않았다. 한 학기가 지나고 지칠 만큼 격정적으로 보낸 까닭인지, 그 안의 성령의 능력이었는지, 격한 마음도 가라앉았다. IVF 활동과 로고스 호프선 활동을 통해 아이는 다시금 신앙공동체로 돌아왔다.

아이가 부유하듯 세상을 향해 달려갈 때 나의 마음은 걱정과 염려보다 큰 배신을 당한 듯했다. "네가 어떻게 그런 생활을 할 수 있니? 네가 누구 딸인데." 그 영혼의 갈함과 하나님 앞에서의 방황함을 헤아리기보다 눈에 비치는 사람들의 안목과 내 눈에 못마땅한 아이의 모습에 괴로웠다. 교환학생, 직장 인턴으로 아이는 세상 속에서 빠르게 성장했다. 그런 만큼 아이는 점점 교회와 멀어지고 종교에 대한 환멸과 무의미함에 빠져들었다. 세상의 성공과 자신의 환경에 대한 불안, 표현할 길 없는 조급함으로 다시금 세상의 급류에 휩쓸렸다. 인정하기 싫었지만 아이의 방황 속에는 이중적인 내 삶의 모습이 고스란히 실려 있다.

어거스틴의 고백으로 돌아가 보자.

그러나 당신은 높은 곳에서 손을 뻗치시어 짙은 어둠으로부터 나의 영혼을 구해 주셨습니다. 그러나 이것은 당신의 충실한 여종이었던 내 어머니가 세상의 어머니들이 아들의 시체에 쏟는 이상의 눈물을 나를 위해 흘리셨기 때문입니다. 어머니는 당신으로부터 받은 신앙과 영으로 나의 죽음을 본 것이며 주여 당신은 어머니의 소원을 들어주셨습니다. 나의 어머니가 늘 기도하던 곳에서 눈물로 땅을 적셨을 때 당신은 내 어머니의 눈물을 소홀히 생각하지 않으시고 소원을 들어주셨습니다.

마니교에 빠져서 세상에 허우적거릴 때 그의 어머니는 마치 아들의 시체를 본 것처럼 눈물로 기도했다. 어거스틴은 자신의 참회와 돌이킴에 어머님의 그 눈물이 있었다고 고백한다. 어거스틴이 어머니의 눈물을 보고 단번에 돌이켰을까? 결코 아니었다. 그의 고백을 보면 그로부터 9년 동안 허위의 암흑 속에서 뒹굴었다. 때때로 회복된 듯 일어서려 했지만 그럴수록 더 깊은 수렁에 빠져들기를 반복하며 보낸 시간이 9년이다. 그 시간 속에서도 그의 어머니는 기도하는 데 모든 시간을 바쳤다.

그래도 눈물과 한숨이 그칠 줄 몰랐고 나를 위해 기도하는 데 모든 시간을 바쳤습니다. 그리하여 어머니의 기도가 당신의 눈으로 들어갔지만 당신은 여전히 나를 고뇌 속에 두시고 어둠 속에 깊이 빠져들어 가는 것을 보고도 내버려 두셨습니다.

어머니의 눈물 기도가 단번에 응답되지 않을 수 있다. 자녀가 그 기도의 눈물을 먹고 자라도 어둠 속에 깊이 더 깊이 빠져들 수도 있다. 그런데도 어머니의 기도가 헛되지 않음은 눈물의 자식은 영원히 멸망하지 않는 까닭이다. 어거스틴의 고백처럼 어린 생명이 이 세상 가운데 나와 처음 경험하는 환대는 모체로부터 나오는 '젖'이다. 그리고 그 젖을 채우는 것은 어머니 스스로가 아닌 하나님께서 자녀를 위해 당신의 계획에 따라 베풀어 주시는 것이다. 이것이 하나님께서 어머니의 눈물샘을 채우고 허락하시는 까닭이다. 이 세상 완벽한 부모는 없다. 그런 까닭에 하나님께서는 부모에게 눈물의 기도를 허락하셨는지도 모른다.

지금이야말로 이 세상 가운데 부유하듯 떠밀려 가는 자녀를 위해 기도할 때다. 세상적 성공이나 아이들의 학업적 성취를 위한 기도가 아닌, 성공과 성취에 떠밀려 하나님으로부터 멀어져 가는, 메말라 가는 자녀의 영혼을 위해 기도할 때다.

방황하는 자녀가 속히 돌아오지 않는다 할지라도 기도해야 하는 이유는 하나님께서 들으시고 그 기도를 부모에게 명하시기 때문이다. 포기하지 않는 부모의 눈물의 기도를 통해 우리의 자녀들은 오래 참으심으로 기다리시는 하나님의 사랑을 배워 가고 기억하게 된다. 그런 까닭에 오늘 이 시간 눈물로 자녀를 위해 기도하는 부모는 축복받은 자들이다. 더불어 우리의 태를 통해 이 세상에 얼굴을 내민 육신의 자녀뿐 아니라 우리 공동체에 세례를 통하여 허락한 교회 자녀들을 위해서도 함께 기도해야 하리라.

감출 수 없는 붉음을 보았노라

모진 성탄의 추위를 지내고 마주한 아침은 예상치 못한 포근함이었다. 겨울 아침을 걷는다. 또 한 해가 저물고 한 계절이 익어 간다. 아파트 담벼락을 따라 나지막한 뒷산이 이어져 있다. 산이라기보다는 동산이라 해야겠지. 그 경계가 되는 지점에 동백이 줄을 맞춰 심어져 있는데 가지마다 꽃대가 오르고 봉우리가 맺혔다. 터질 듯 몸을 부풀린 그들의 가슴에는 붉음이 가득 차올랐다. 나는 보았다. 감출 수 없는 그 붉음을. 아직은 초록 잎에 겹겹이 쌓여 어떤 색의 꽃을 피워낼지 신비로운 비밀로 입술을 봉하고 있지만 입을 앙다물수록 흘러넘치는 그 붉음 말이다.

애써 감추고자 해도 동백의 붉음처럼 드러나는 것이 있다. 우리 안의 더럽고 냄새나는 탐심이 그러하고, 우리를 불안에 떨게 하는 연약함이 그러하다. 어디 그런 부끄러움뿐이

라. 고매한 인품과 예수 그리스도 향내 나는 사랑 또한 감추고자 해도 드러날 수밖에 없는 것이다. 한 해가 저문다. 지독히 감추고 싶었던 것이 많은 한 해다. 마치 어쩔 수 없었던 선택처럼 포장했지만, 하나님의 인도하심보다 사람의 소리에 귀 기울였던 선택이 있었고, 하나님의 얼굴을 구하기보다 하나님의 손을 의지한 순간들이 많았다. 고매한 인품과 그리스도의 향내보다 지극히 인간적인 불안과 유약함에 휘둘린 나약한 나 자신의 모습이 감출 길 없이 드러났다.

많은 신앙의 말로 미화시켰지만 하나님을 향한 불신이 컸다. 나는 바르다는 생각으로 목소리를 내고 재단한 일들이 부끄럽게 떠오른다. 선한 것이 없는 내가 무엇을 기준 삼아 사람들을 정죄하고 판단한단 말인가? 부교역자로서 겪는 불합리한 것들에 억울함이 컸고, 주께서 허락하신 권위에 순복하기보다 마음의 거북함이 행동으로 드러날 때가 많았다. 조용히 엎드려 기도하며 아버지께 상황과 형편을 아뢰기보다 사람들에게 상황의 그릇됨과 억울함을 호소하기에 급급한 나날이었다.

때로는 의견의 피력도 필요하고 반복되는 잘못들을 그냥 보고 있어서는 안 될 상황들을 마주하기도 한다. 그럼에도 이것이 정령 하나님께서 원하시는 것인지 묻고 또 물어야 한다. 시간이 지나 무엇이 옳은 일이었는지, 나의 마음에 품은 뜻과 생각들이 정말 하나님께서 원하시는 것이었는지 생각해 보면 점점 자신이 없어진다. 볼품없고 한없이 연약한 내 모습 안에 있는 거친 죄악의 쓴 뿌리만 들이켜진다.

그런데 부풀린 동백의 붉음을 보는 순간, 신기하게도 내 안에 '예수'가 차올랐다. 비틀거리고 흔들리면서 걸을지라도 예수가 내 안에 있다. 그 예수는 변하지 않는 사랑이다. 깊어지는 사랑이다. 자라나는 사랑이다. 내 안의 예수는 '사랑'으로 치환된다.

"내가 너를 사랑하노라. 내 생명까지 너를 사랑하노라."
"그럼에도 불구하고 나는 너를 사랑하노라."
"네가 스스로 안다하는 것보다 내가 너를 더 깊이 잘 안다."
"너의 모난 구석, 너의 불합리까지 내가 너를 사랑하노라."

가지마다 오른 봉우리에 한겨울의 눈이 몇 차례 더 쌓여야 한다. 귓불을 얼얼하게 만드는 세찬 바람이 두꺼운 초록 잎을 더욱더 단단하게 만들어야 한다. 그다음에야 안으로 여문 동백의 붉음은 마침내 꽃잎을 벌려 노오란 수

술을 왕관처럼 내어 보이게 된다. 내 인생에도 어깨를 짓누르는 흰 눈이 쌓이고 무릎을 꺾이게 만드는 모진 바람이 불어오겠지. 견딤의 시간이 지난 뒤 벙글어질 내 꽃잎은 어떤 왕관을 내어 보이게 될까? 내가 어떠하든지 감추려 할지라도 드러날 수밖에 없다면 오직 예수만 드러나기를 소망한다. 오직 그 사랑만 드러나기를, 내가 드러낼 수 술이 온전히 그분의 다스림 안에 있기를 바라게 된다. 동백의 감출 수 없는 붉음처럼, 누군가가 나를 바라본다면 내 안의 감출 수 없는 예수만 볼 수 있기를 간절히 바라게 된다.

명품 바이올린은 전시되지 않고 연주된다

경건은 정해진 때마다 어떤 종교적인 의무들을 수행하는 것이 아니라, 일상의 삶의 의무들을 이행하는 정신이다.

- 윌리엄 로오, 「경건한 삶을 위한 부르심」 중에서

수십 억을 호가하는 바이올린, 그중에서도 바이올린의 명품이라 불리는 스트라디바리우스와 과르니에리는 그 한 대 가격이 거의 50억 원에 달한다. 웬만한 강심장이 아니고서는 만지는 것조차 두려울 듯하다. 그렇다고 그 악기들을 유리 상자에 넣어 박물관에 전시하는 것은 아니다. 물론 전시되는 악기도 있지만 대부분 유명 바이올리니스트들에게 대여되기도 하고 콩쿠르 우승자에게 연주할 기회가 부여되기도 한다. 한국의 유명 바이올리니스트 정경화의 바이올린은 1970년대 후반 약 2억5000만 원에 산 과르니에리 델 제수(Guarneri del Gesu)인데, 현재의 가격은 약

600만 달러, 한화로 76.7억 원 이상의 가치가 있는 것으로 알려져 있다. 바이올린은 시간을 묵혀 최고의 연주자들에게 연주될수록 그 소리의 깊이가 더해진다. 명품 악기는 연주될 때 그 몫을 더한다.

어려서 그릇 좋아하는 엄마 덕분에 유달리 그릇 욕심이 많았었는데, 부도 후 가사 도구 하나 없이 몸만 빠져나오듯 이사를 해, 그 많던 그릇은 남겨진 것이 없다. 그때의 영화(榮華)는 유일하게 남겨진 컷코(CUTCO) 칼에서나 찾을 수 있을까? 잦은 이사로 변변한 그릇 하나 없이 지내다 재혼을 하고서 세트로 그릇을 구매했다. 물론 예전에 사용하던 그릇과 비교하면 결코 비싸다 할 수 없지만, 혹여 손님이라도 치를 일이 있을까 해 세트로 구매했다. 여자는 그릇을 단지 음식을 담는 용도로만 생각하지 않는다. 뭐랄까? 삶의 격을 상징하는 도구라 할까? 세트 가격이 30만 원을 하지 않았으니 그릇 하나당 가격은 2-3만 원 정도였지만, 내게는 더없이 소중했다. 귀해서 함부로 꺼내 사용하지 못할 그 무엇이 되었다. 그릇을 구입하고 상자를 뜯기도 전에 이사를 한 번 했다. 그 이사로 밥공기 하나가 깨졌다. 화가 많이 났지만 누구를 탓할 일도 아니었다. 이사하다 보면 그럴 수도 있으니까. 그 이후 3번의 이사를 더 했다. 이사 때마다 세트 그릇들은 귀한 몸으로 뽁뽁이에

싸여 옮겨졌고 선반의 최상단 손이 닿지 않는 곳에 자리 잡았다.

지난주 서울을 다녀왔다. 2박 3일간 남편 혼자 밥을 챙겨 먹고 지냈다. 다녀와서 싱크대 건조대를 봤더니 아낀다고 고이고이 모셔 놓은 세트 그릇이 나와 있다. 도대체 왜 가까이에 있는 그릇을 두고 선반 위에 곱게 모셔 놓은 그릇을 꺼내 사용했을까? 혼자 다녀온 걸음이 미안해 결국 남편에게 말 한마디 꺼내지 못했지만 혼자 속앓이를 할 만큼 끙끙거리며 시간을 보냈다. 사실 그릇 가격이 비싼 것도 아니다. 그런데도 궁한 살림살이에 큰마음 먹고 산 것이었고, 신혼의 추억이라는 나름의 의미를 부여한 그릇이라 함부로 대하는 남편에게 서운한 마음마저 들었다.

건조대에 있는 그릇에 루꼴라 잎을 담았다. 껍질을 벗긴 토마토로 색감을 더하고 소스를 뿌렸다. 예쁘다. 입맛이 돈다. 보기 좋은 떡이 맛도 좋다 했던가? 음식을 어떻게 담아내느냐에 따라 요리의 격이 달라지듯 예쁜 그릇에 담긴 아무것도 아닌 채소가 고급 레스토랑의 샐러드를 연상시킨다. 그래. 그릇은 그릇이다. 자기 용도대로 음식이 담기고 사용되어야 그 그릇의 가치를 다하는 것이다. 깨질까 두려워 선반 제일 위 칸에 모셔 두기 위해 만들어진 것이 아닐 터, 하루 세 번 마주하는 그릇들이 자신들의 소용을 다할 때 사용하는 이의 마음은 얼마나 기쁨으로 충만한지. 바로 이것이구나.

누군가 혼수로 명품 가방을 받았는데 엄청난 가격에 들고 다니기가 황송해 옷장 안에 고이 모셔 놓았다는 말을 했다. 그 얼마나 어리석은 일인가? 가방은 가방일 뿐, 옷장에 모셔 놓은 채 감상하고, 가방이 상할까 봐 마음 졸여야 할 것은 분명 아닐 것인데 말이다.

우리는 곧잘 이렇게 방향을 잃는다. 주객전도라 할까? 주가 되어야 할 것과 객이 되어야 할 것에 방향을 잃어버린다. 하나님과 세상의 가치를 자리바꿈할 때가 많고, 다스리고 관리해야 할 것을 모셔 놓고 숭배할 때가 많다. 하나님께서는 이 세상을 만드시고 그 각자의 소용과 기능들이 제자리에 있을 때 "아름답다", "좋다" 말씀하신다. 최고의 가치를 지닌 바이올린은 전시되었을 때가 아니라 연주자의 손에 들리어 연주될 때 그 진가가 드러난다. 그렇다면 그리스도인의 가치와 진가가 드러날 때는 언제일까? 그것은 바로 이 땅에 그분이 보내신 뜻을 다하고 한 알의 밀알로 썩힘 받을 때다. 우리는 세상을 모셔 놓고 숭배하기 위해 이 땅에 보내진 것이 아니다. 예수가 이 땅에 와서 더불어 먹고 마시며 하나님 나라를 전하고, 가난한 자와 병약한 자들을 섬겼듯, 우리 역시 이와 같이 행해야 한다. 그리스도인의 경건은 박제된 이름이나 의무적인 종교 행위가 아닌, 살아감 가운데 행하고 실천함으로 드러난다.

오늘도 식탁에 오른 그릇이 예쁘게 빛난다.

찾아가는 길

2016년 가을, 채 피지 못하고 지는 생명이 안타까워 청소년 자살 예방 교육에 참석했다. 남편은 사별 후 상실의 슬픔에서 벗어나고자 죽음 교육에 참석했다. 우린 그렇게 꺼져 가는, 꺼져 버린 생명 앞에서 새로운 생명의 길을 걸어가고자 하나가 되었다. 그러나 우린 알지 못했다. 생명이란 것은 우리의 의지나 우리의 힘으로 지킬 수 있는 것이 아니란 것을 말이다. 생명을 살리기 위해 만난 우리는 오히려 자주 불안에 빠지고, 우리가 지켜야 할 둥지 안의 작은 생명까지 위태롭게 만들었다. 어디에서부터 어긋났는지, 무엇이 잘못인지 깨닫는 데 그렇게 오랜 시간이 필요하지는 않았다.

옹이처럼 새겨진 이기심들과 삶의 지침, 빈곤함은 우리 두 사람이 바위를 넘을 수 있는 물길을 찾기 전에 빠르게 모든 것들을 허물어뜨렸다. 서로를 향한 서운함, 원망은 서로 다독이며 상처를 돌볼 사이도 없이 자주 거센 물보라를 일으키며 떨어지는 폭포 속에 밀려들어 갔다. 간신히 떨어진 조각 하나 붙들고 견디며 지나는 나날들. 서둘러 차린 정신에 주위를 돌아보면 아이들의 깨지고 상한 모습들. 할 수 있는 것이라고는 안타까워하는 것뿐이었다. 두 눈 감고 서로의 안부밖에 물을 수 없는 시간이 쌓여 갈수록 그 마음조차 상처로 남았다.

우리는 알게 되었다. 우리의 삶이 일관되게 바라보며 달려온 목표, 사명을 잃어버린 거다. 아니, 잃어버렸다기보다 박탈당했다고 해야 할까? 사역만으로 살아왔던 우리가 목양의 터를 잃어버리고 그 목양의 터로부터 배척당하는 존재가 되어 버렸다는 것. 아마 그것이 가장 큰 아픔 아니었을까? 우리의 육신을 갉아먹고 영혼을 피폐하게 만든 건 단순한 육체노동으로 일용할 양식을 구해야 하는 행위가 아니다. 우리에게 닥친 삶의 공허함은 육체의 바쁨과 노동 때문이 아니라는 걸 우리는 날마다 곱씹게 되었는지도 모른다. 이때까지 바라봐온 이정표가 눈앞에서 갑자기 사라져 버린 거다. 우린 방향을 잃은 것일까? 자주 넘어지고 자주 부딪혔다. 교회 안 존재가 교회 밖에서 얼마나 무능하고 연약한 존재인지 깨닫게 된다.

멈추어 서서 자신의 내면을 살피고 그분의 뜻이 어디에 있는지 찾아가기에 우리의 삶은 너무 가난하고 척박해서 매일매일 살아가야 하는 일만으로도 가슴까지 차오른 숨에 허덕일 수밖에 없었다. 힘들고 어렵다고 생각했던 가난한 교역자의 삶이 얼마나 은혜 안에 있었던가를 깨닫는 것도 그 무렵이었을까? 허물어져 가는 사택일지라도 교회가 허락한 사택 안에 머물 수 있었던 것이 큰 은혜라는 것과 사례로 주어지는 섬김이 목회자를 경건하게 하고 그 일을 가능하게 하는 하루의 만나라는 것을 알게 된 것도 그 무렵이었으리라.

평생을 바라봐 온 목표가 희미해질 때 그때에야 비로소 목표를 제대로 바라볼 수 있는 시야가 생긴다. 목표가 사라졌다 느낄 때 신념은 사라지고 온전한 신앙의 길이 열린다. 삶의 여러 가지 문제들이 생기고 거듭 쓰러지고 무너져 내릴 때 그렇게 입으로 말하던 소망이 무엇인지 깨닫게 된다. 이 시간을 버티고 견뎌내는 것, 그것이 일상이고 믿음이라는 것을 왜 여태 모르고 살았을까? 사역자로 살아가면서 더 많은 시간을 신앙함과 살아감을 이원화시키고 있었는지도 모른다. 믿음을 잃어버리거나 믿음을 시험받는 환경에 노출되는 빈도가 적었던 탓에 그것에 걸맞은 거룩함과 영성을 유지해 나갈 수 있었던 것은 아니었을까?

그분의 뜻이 어디 있는지 알 길은 없지만 그분이 원하시는 삶은 무엇인지 조금씩 알아 간다. 그분이 원하시는 것은 누군가의 생명을 구원해 내는 것이나 어떤 거창한 목회 비전이 아니다. 매일매일 그 하루를 살아가는 것, 그 하루의 삶 동안 예수가 없이는 그 무엇 하나 할 수 없는 존재라는 것을 깨닫는 것, 나 혼자 살아갈 수 있음이 아니라 누군가의 손을 잡고 그 시간을 버텨내는 것이라는 것을 알아 가게 하신다.

내가 할 수 있다고 생각한 사소한 일에서부터 아이들의 삶의 문제까지 야무지게 움켜쥔 손을 펼쳐 내려놓는 것, 그것이 믿음의 시작이라는 것을 아프게 배워 나간다. 돕는 손길들을 통해 그분의 살아계심을 경험하게 하시고, 삶의 거품을 걷어 감으로 잃어버려서는 안 되는 단 하나를 지켜 나가게 하시는 분. 그분을 찾아가는 길은 멀고도 험하지만 먼저 길이 되어 걸어가 주신 분이 계시니 비틀거릴지라도 이 하루를 걸어가게 된다.

저마다의 계절을 살아간다

근처에 삼학도가 있어 사진을 찍으러 갔다. 며칠 봄비가 계속되었고, 모처럼 맑게 갠 하늘은 잘 닦아 둔 유리창보다 맑고 깨끗했다. 빠르게 지나가는 계절을 잊어버리지 말라고 서둘러 자기 색깔을 내뿜는 키 작은 꽃들이 벙글어지고 초록은 물을 담뿍 빨아들여 선명한 빛을 더하고 있다. 남편의 셔터 속도가 빨라지는 것은 계절이 자기만의 색깔을 분명히 드러내는 까닭이리라. 불어오는 바람도 모처럼 겨드랑이를 습하게 하는 땀을 식히기에 적당하다.

하늘을 울리는 웃음소리가 있다. 처음에는 작게 들리더니 어느새 까르륵거리는 소리가 제법 커진다. 코로나로 야외 활동이 드물 때이건만 아이들이 소풍이라도 나온 것일까? 두리번거리니 공원을 둘러 흐르는 바닷물 위로 여고생들이 카누 활동을 한다. 3명이 한 조가 되어 빨간 고무신 같은 배에 올라 노를 젓는다. 처음 잡아 본 노와 짧은 교육으로 어디 쉬이 저어질쏘냐. 앞으로 나가는 배는 겨우 한두 대. 구르는 낙엽만 보아도 웃음이 난다는 여고 시절. 서로 배가 부딪치자 웃음소리 캬캬 소리는 더 높아지고, 노로 뱃길을 저어가는 것이 아니라 웃음으로 저어가듯 그녀들의 입은 다물어질 줄 모른다. 여고생들의 웃음은 한 옥타브가 높다. 한 명 한 명 개인적으로 마주하면 저런 에너지는 느낄 수 없다. 그저 수줍고 얌전한 아이들이 저렇게 무리가 되면 한없이 용감해진다. 소리가 커지고 웃음은 멈출 줄 모른다. 같은 계절을 지나가는 아이들의 충만한 행복감. 생명 가득한 이 봄날에 어울리는 멋진 한 장면이다.

우리는 저마다의 계절을 살아간다.
생명력 돋는 봄을 살아가는 때도 있지만 천둥과 번개를 동반한 폭풍우 속을 뚫고 지나가야 하는 한여름을 살아가는 때가 있다. 색색이 물든 잎과 같은 성과물을 바라보며 풍성한 가을을 즐길 때가 있는가 하면 속으로 모든 것을 감춰 두고 웅크린 채 겨울을 견뎌내야 할 때가 있다. 하지만 같은 계절을 살아간다 할지라도 누구나 같은 기억을 갖는 것은 아니다. 한겨울에도 봄빛의 따스함을 경험할 때가 있고, 풍성한 열매가 아닌 조락의 슬픔 속에 있을 수가 있다. 그래서일까? 저마다의 계절은 다르고 그 계절이 주는 풍성함은 우리를 자라게 한다. 어디 그뿐이랴. 밤을 사랑해 깊이 자신의 내면을 살필 때가 있는가 하면 한낮의 즐거움으로 더불어 살아감을 배울 때가 있으니, 우리의 인생은 단면으로 평가할 수 있는 것이 아닌 먼 안목, 유순한 눈매로 바라봐야 할 그 무엇인지도 모르겠다.

작년 큰딸은 깊은 밤바다를 헤매고 있었다. 졸업이건만 코로나로 공채가 없다. 깊은 우울의 바다에 빠진 딸애는 춥고 차가운 눈보라를 뚫고 지나야 했다. 한창 꽃피워야 할 계절에, 살아내기 위해 스스로 잎과 가지를 쳐내고 몸뚱이 하나만으로 기나긴 겨울을 견뎌내야 했다. 직장을 찾아 사회생활을 시작했지만 한기 든 몸에는 아직 봄이 오지 않은 듯하다. 딸아이의 길고 긴 이 겨울은 언제 끝날 수 있을까?

계절마다 그 나름의 아름다움이 있고 의미가 있다. 매서운 찬바람이 부는 한겨울에는 땅속으로 뿌리를 든든히 내리고 군더더기를 떨쳐 버린다. 안으로 안으로 속을 키워 간다. 바라기는 딸아이의 긴 겨울날이 그렇게 속을 자라게 하고 내면을 키워 가게 하는 시간이 되길 기도한다. 한기가 들고 매서운 바람에 가지가 부러지더라도 지금 지나는 그 시절을, 그 계절을 사랑하고 충실할 수 있기를 바란다. 봄은 올 것이고 얼었던 땅도 녹을 것이다. 씨앗만 가지고 있다면 움은 튼다. 삼학도를 울리던 맑디맑은 여고생들의 웃음이 딸아이에게도 있었다. 그 웃음의 계절이 지금의 추위를 이겨낼 수 있는 충분한 자양분이 되리라. 시절을 쫓아 더하는 하나님의 은혜는 그 성실하심으로 우리 가운데 있다. 우리가 어떠하든 변하지 않는 그분의 다스리심이 저마다의 계절을 살아가는 우리 인생 가운데, 딸아이의 인생 가운데 늘 함께하심을 믿는다.

지존자여 십현금과 비파와 수금으로 여호와께 감사하며 주의 이름을 찬양하고 아침마다 주의 인자하심을 알리며 밤마다 주의 성실하심을 베풂이 좋으니이다.　　- 시편 92편 1-3절

본연의 맛

체력이 예전만 못하다. 밤 작업이 힘들어졌다. 루틴이 무너지면 회복되는 데 많은 시간이 요구된다. 이 모든 것이 나이 들어간다는 증거다. 그리고 또 한 가지. 젊어서는 자극적인 맛을 선호하지만 나이가 들어가면서는 오히려 인공의 맛이 더해지지 않은 자연의 맛, 담백한 맛을 선호하게 된다. 즐기던 간편, 간단 패스트푸드를 멀리하고 에너지와 시간을 들여 음식을 만들게 된다. 언제부터였을까? 간혹 떠오르는 음식들은 최고급 레스토랑의 음식, 제철이 아니면 맛볼 수 없다는 고가의 자연산 그런 것이 아니다. 일상의, 그리고 너무나 소박해서 "그게 맛있어?"라고 되물었던 것들, 그런 것들이 떠오른다. 음식의 이름이나 모양보다 그것을 입에 넣었을 때 세포 하나하나가 반응했던 몸이 기억하는 맛. 그런 음식이 떠오를 때 '아, 나도 나이를 먹어 가는구나'라는 생각을 하게 된다.

6월 매실을 수확할 때 즈음이면 일본에서는 우메보시를 담근다. 우리가 먹는 매실장아찌와 달리 일본의 우메보시는 설탕이 아닌 소금을 사용한다. 매실이 푸르게 몸을 부풀려 건강미를 자랑할 때 10kg 한 망을 가져와 남편과 딱딱한 씨를 발라내었다. 그 옛날 엄마는 통매실을 담그기도 했지만 씨에 독성이 있다고 소금물에 불렸다가 홍두깨로 두드려 씨를 뺐다. 하지만 시절이 좋아진 요즘은 씨 빼는 도구까지 나와 남편의 도움을 받아 조금은 편하게 씨를 발랐다. 도구를 이용하니 씨는 빠져나가고 가운데만 홈이 생겼다. 매실 모양 그대로 살아 있다. 반은 자르고 반은 모양을 그대로 살려 장아찌를 담근다. 장아찌는 손맛과 재료 외에도 한 가지가 더 필요하다. 시간을 기다리는 인내. 그 기다림의 시간이 없이는 제대로 된 장아찌를 맛볼 수 없다. 젊음을 자랑하던 그 팽팽한 과육이 시간을 거쳐가며 자기 몸의 수분을 내어놓고, 단 하나 잃어버릴 수도, 내어줄 수도 없는 맛을 안고 시간을 버틴다. 자신의 젊음과 맞바꾼 쭈글쭈글해진 몸은 보잘것없지만 지켜낸 맛만큼은 짙고도 풍성하다. 켜켜이 병에 담아 쓰러질 청춘에 대한 보상으로 아낌없이 소금이 아닌 설탕 옷을 입혀 서늘하고 햇볕이 직접 닿지 않는 곳에 고립무원 고독의 시간을 허락해 주었다.

남편은 왜 갑자기 매실장아찌를 담을 생각을 했냐고 물어왔다. 나도 왜 갑자기 그랬는지 모르겠다. 다만 며칠 전부터 엄마가 여름날 나에게 내어준 말도 안 되는 하찮은 밥 한 그릇이 머리에서 떠나지 않았던 까닭이다. 나는 유독 더운 일본의 여름 날씨를 견디지 못하고 입맛을 곧잘 잃었다. 그런 나에게 엄마가 내민 것은 영양 가득한 삼계탕도, 전복죽도 아니었다. 하얀 쌀밥 가운데 우메보시 하나를 박아 두고 뜨거운 녹차를 부어 주셨다. 시큼한 우메보시의 맛을 즐기지 않았던 나로서는 여간 난감한 게 아니었다. 어떻게 이걸 먹어 내어야 하나 밥 한 그릇 앞에서 고개를 떨구고 차마 입으로 가져가지 못했다. 무언의 엄마의 시선에 더 이상 견디지 못할 즈음 나는 밥그릇을 들고 매실 맛이 짙어지기 전에 언저리부터 먹어 나간다. 가운데로 갈수록 짙어지는 매실의 맛. 한 입 입안에 머금는 것만으로도 마치 금귤류의 알갱이 하나하나가 살아 일어나듯 나의 온몸의 세포 하나하나가 그 시큼함에 기지개를 펴는 것처럼 살아난다. 녹차의 쓴맛, 매실의 신맛, 시간이 스며든 짠맛, 갓 지은 밥이 남기는 구수한 맛이 차례차례 자신의 모습을 드러낸다. 비강을 뚫는 신맛과 혀 뒤 뿌리에 박히는 쓴맛과 짠맛, 이 모든 것이 넘어간 다음 남게 되는 구수한 맛까지. 작은 매실 안에 담겨진 맛은 작은 우주다.

개성 강한 여러 맛들이 입안에서부터 기도를 타고 식도로 내려가 장기 하나하나를 깨우게 하는 이 음식은 화려한 장식 속에 의기양양하게 얹혀진 자연산 회 몇 점이 아닌 쌀밥 위에 얹어진 하찮은 우메보시 한 알이다. 그랬다. 싫다 싫다 하면서도 나는 엄마의 우메보시밥을 입맛 잃은 날 보약처럼 먹었고, 그 밥을 먹은 날은 잃어버린 입맛이 돌아왔을 뿐 아니라, 땀으로 빠진 염분도 보충할 수 있었다. 엄마랑 마주하고 먹었던 밥. 엄마는 밥이라기보다는 차가운 냉풍기에 빼앗긴 몸의 온기를 되찾기 위해 한 잔의 차를 마시듯 우메보시밥을 드셨다. 마지막까지 매실을 남겨 뜨거운 녹차를 다시금 부어 젓가락으로 매실을 흩뜨리면 매실은 아무런 저항도 없이 자신의 몸을 허물어뜨려 속살을 보이고 안으로 안으로 감추어 둔 최후의 신맛과 짠맛을 드러내 보였다. 엄마는 매실 향 가득한 시큼한 차를 마치 매실이 걸어온 시간을 마시듯 천천히 온몸으로 마셨다. 어쩌면 나는 두 손으로 밥그릇을 안아든 그 모습이 그리웠는지도 모르겠다.

나이가 든다는 것은 잃어버린 입맛을 찾아 돌아가는 걸음인지도 모른다. 자극적이고 화려한 것을 쫓던 청춘의 때가 지나고 본연의 자아를 찾아가는 걸음이다. 우리의 본연의 모습은 무엇일까? 세상의 화려함을 쫓아 살아가다 멈춰 보니 너무도 멀리 왔다. 헝클어진 머리와 허물어진 몸을 보니 내가 잊고 살아온 것이 무엇인지 되돌아보게 된다. 필요가 아닌 안목의 정욕에 이끌린 선택은 몸을 상하게 한다. 쭈글쭈글해져서야 자신을 돌아보며 묻게 된다. 안으로 지켜낸 나만의 맛은 무엇이던가? 청춘과 맞바꾸어 지켜낸, 아니 시간을 연마해 성숙해진 것은 과연 무엇인가? 나는 그리스도의 향내라고 감히 말할 수 있는 시간을 달려온 것일까? 모든 수분을 다 내어주고 매실이 지켜낸 신맛처럼 내 삶의 모든 것 털어내고 남는 것이 오직 그리스도의 맛이 되길, 그렇게 여물어 가길 소망한다.

부용, 꽃 피우다

너희 섬들아, 내가 하는 말을 들어라. 너희 먼 곳에 사는 민족들아, 귀를 기울여라. 주님께서 이미 모태에서부터 나를 부르셨고, 내 어머니의 태 속에서부터 내 이름을 기억하셨다.
- 이사야 49장 1절, 새번역

연일 뜨거운 태양이 대지를 달군다. 시절을 쫓아 태양은 가장 태양다움으로 본분을 다한다. 강하고 뜨거운 것에 대항하는 것은 크고 강한 그 무엇이 아니다. 연약함, 바람조차 그 몸을 관통시켜 버리는, 뜨거움 아래 녹아내릴 것만 같은 유약함이다.

달궈진 도로 옆 화단에 낮에 뜨는 별을 보았다. 열기를 머금은 약한 바람에도 자신의 몸을 주체하지 못하고 흔들리는 몸뚱어리다. 그 가녀린 몸을 오롯이 태양을 향해 뻗었다. 잎맥이 세세히 드러난 투명한 꽃잎이 강렬한 햇살을 빨아들여 자신의 몸에 품고 만들어 낸 별 하나. 7월의 한낮 도롯가 화단에는 별 띠가 생겼다. 한낮의 은하수, 부용이다. 호박꽃처럼 보이지만 그보다 잎이 얇고 무궁화처럼 보이지만 꽃이 크고 독립적이다. 이렇게 더운데도 너는 너 할 몫을 다했구나.

며칠 전 딸에게서 전화가 왔다. 어지럼과 구토증세가 있단다. 혹시나 하는 마음으로 이비인후과 진료를 받게 했다. 이석증을 의심해서다. 하지만 웬걸, 의사는 딸에게 내과 진료를 권했고, 위 방사선사진과 진료 결과 늘어난 위가 장기를 눌러 그렇다는 진단이다. 코로나로 공채가 없어 지방의 중소기업에 취직한 딸은 일을 하면서 틈틈이 좀 더 나은 곳으로의 이직을 준비하고 있었다. 필요한 자격증 시험을 준비하려는데 턱없이 시간이 모자라 식사 시간을 줄여 보려는 마음에 여러 날 식사를 거르다 갑자기 식사를 하다 보니 이런 일이 발생했다. 급기야 딸은 일상생활에 불편이 생기고 출근을 못 하게 되었다. 준비했던 시험은 제대로 치르지도 못했다. 회사에 양해를 구해 예정된 여름휴가를 앞당겨 집에서 쉬기로 결정하고 지친 몸을 이끌고 왔다.

달리 의술이 있는 것도 아니고 치료가 필요한 일이 아니라 해줄 수 있는 일은 제대로 먹이고 많이 재우는 것이 전부다. 마주 앉아 얼굴을 보며 음식을 넘기는 것. 혼자 외로움을 곱씹으며 마른 밥을 삼키는 것이 아니라 "이것 먹어봐, 저건 어때?" 엄마의 잔소리까지 찬으로 얹어 먹는 밥. 그 밥이 몸의 근육을 키우고 혈액을 돌게 한다. 어디 그뿐이랴. 잠시 잠깐 눈감았다 뜨는 기도가 아니라, 일상을 돌아보고 일용할 양식을 구하는 식탁에서의 기도가 지친 심신을 회복시키는 자양분이 된다는 것을 우리는 곧잘 잊고 산다. 한 끼 밥에 아이의 얼굴에 화색이 돈다. 한 마디의 기도에 영혼이 권태에서 깬다.

회사가 제공하는 사택에서 생활하는 딸의 동선은 회사, 집이 전부다. 아이가 보는 세상은 온통 회색빛과 버려진 고철들. 고개 들어 푸르른 하늘을 바라볼 시간조차 잃어버리고 바쁘게 산다. 이렇게 사는 것이 어디 우리 딸뿐이겠는가? 이 땅의 청년들이 병들어 가고 있고 그들의 삶이 아프다. 가업을 잇는 일은 옛말이고, 한 직장을 평생직장이라 생각하며 다니는 이들도 드물다. 메뚜기처럼 스펙을 쌓고 더 나은 곳으로 이직하기 위해 몸부림친다. 학자금을 갚기 위해, 결혼을 위해, 집을 사기 위해 끊임없이 달려야 하는 이 땅에서의 삶은 시간을 들여 익히고 제맛을 누리는 것에 마음 둘 여유가 없다. 오랜 시간이 드는 것은 비효율적이고, 경쟁력에서 떨어진다. 유순한 눈매와 긴 안목으로 다른 이들을 바라볼 마음의 여유가 점점 사라져, 쉽게 사랑에 빠지고 쉽게 이별한다. 빨리 분노하고 빨리 돌아선다. 이런 이들에게 깊은 사유함과 자기 내어줌이 필요한 신앙함은 의미를 상실하고 무력해지는 것이 당연한지도 모른다. 하지만 신앙의 자녀들이 기억해야 할 것이 있다.

신앙의 가정 안에서 자라난 자녀들은 세포 하나하나가 부모의 기도로 이루어져 있다는 것이다. 한 끼 밥에 얼굴 안색을 되찾는 것이 아니라 부모의 권위 아래 머리를 숙이고 부모의 기도 말에 아멘으로 응답하는 것이 화색을 돌려놓는 것이다. 몸은 기억한다. 자신들의 몸에 새겨진 부모의 기도를 기억한다. 방향을 잃고 질주하는 세상의 삶 속에서 기도를 기억하는 것은 세상을 향해 질주하는 그 걸음을 잠시 멈추어 서게 한다. 회색빛 도시에서, 경쟁하는 팔꿈치 사회에서, 물질이 주인 노릇을 하는 맘몬 앞에서 잠시 멈추어 하늘을 우러르게 한다. 전능자를 기억하고 '자신이 어떤 존재인지'를 되새김질하게 하는 것. 그것이 바로 자녀의 몸에 새겨진 부모의 기도다. 연약하지만 꽃대를 세우고 태양에 맞서 꽃피운 부용과 같은 부모의 기도다.

삶은 짧아도 영원을 사는 것,
영원이란 '끝도 없이'가 아니라
'지금 완전히' 사는 것이다.

No matter how short,
life is a matter of living eternity,
Eternity is not a matter of
'having no end,' but of 'living fully now.'

- 박노해, 「걷는 독서」 중에서

3장_ 은밀하고 위대하게

마음속 간구는 은밀히 아뢸지라도
이루시는 분의 응답은
돋는 아침 해와 같이 위대하다.

뜻밖에서 일하시는 주님

당신은 밤새 잠을 이루지 못했다. 애써 모른 척 "배 아파?"라고 말했지만 그 끓는 속을 누가 모를까?

주말 내내 비가 내렸고, 교회를 다녀오는 길, 내리는 빗줄기에 한층 싱그러움이 더해진 연두빛깔 새순과 무게를 이기지 못하고 고개 떨군 벚꽃을 보았다. 내리는 비조차도 공평하지 않다. 누군가에게는 풍성함이 입혀지는 물오른 생명이지만 누군가에게는 견디지 못할 삶의 무게일 수 있다. 여린 꽃잎은 내리는 빗물에도 상처 입는다. 마음껏 주의 영광을 노래하기도 전에, 사람들의 마음과 시선을 빼앗기도 전에, 서둘러 돋는 초록 잎에 자리를 내어주어야 한다. 허나 그 짧은 생명이 어찌 무의미하며 소용이 없다 하겠는가?

남편은 담임목사 부재의 자리를 새벽부터 지켰다. 전임 담임목사의 불미스러운 사임으로 인한 교회와 성도들의 가슴앓이를 말씀으로 감싸며 묵묵히 사역을 감당했다. 그럼에도 남편에게 돌아온 것은 사임 결정이었다. '새 포도주는 새 부대에'라는 말이 그 이유였다. 한 가정의 가장이고 앞으로의 행보가 정해진 것도 아닌데 "그렇게 결정되었습니다"라는 통보. 예측하지 않았던 것은 아니다. 공공연한 관행이었으니까. 그럼에도 대부분 남은 한 해를 가늠해 11월 즈음 사역 이동 시기에 사임을 명한다. 아무리 급하게 결정된다 하더라도 상반기는 가리라 생각했다. 이렇게 빨리 다음 행보를 준비하기도 전에 결정이 내려지다니 2달 안에 인수인계를 마치고 살길을 찾아야 한다. 자비의 집이라 불리는 '베데스다'의 연못. 그곳에 아버지의 자비가 없고, 온갖 상처와 어그러짐의 악취가 가득했던 것처럼 긍휼이 머물러야 할 그곳에 그분의 긍휼이 아닌, 사람의 이기와 계산만이 남아 있음을 본다.

망연자실 마음을 놓아 버린 당신의 한 마디. "이래서 다들 담임목사를 하려나 보다. 주의 일을 한다는 것이 과연 무엇일까? 나는 목회를 하면 할수록 모르겠다." 당신을 탓하고 싶지 않다. 우리에게는 분명 새로운 길을 떠날 기회가 있었다. 교회가 분란에 휩싸였을 때 모른 척 우리의 길을 갈 수 있었다. 그럼에도 당신은 어떻게 설교자도 없는 교회를 버리고 다른 곳을 찾을 수 있겠냐고 말했다. 당신의 결정은 교회와 성도를 위한 것이었지만 돌아온 것은 과연 하나님의 마음이라 할 수 있을까? 그럼에도 안다. 당신은 다른 시간, 다른 곳에서도 똑같은 선택을 할 것이란 것을 말이다.

의미 없는 것은 없다. 이름 모를 들풀조차도 내가 알지 못할 뿐 이름이 있고, 그 이름을 불러 주는 자가 있다. 아무 쓸모가 느껴지는 않는 들풀조차도 고개 숙인 자들, 살아갈 의미를 상실한 자들에게 위로와 살아갈 그 무엇이 된다는 것을 경험을 통해 알지 않는가. 자신의 실속을 챙기지 못한 결정이었다 할지라도 그분이 부탁한 양 무리를 잠시 잠깐 꿀을 먹이며 돌볼 수 있었다는 것은 감사의 제목일 수밖에 없다. 당신의 수고는 충분한 의미다. 아프게 시간이 흐르고 그 시간 위에 깊어 가는 봄길이 펼쳐진다. 여린 꽃잎은 스스로 그 자리를 초록 잎사귀에 내어주고 소멸의 자리를 딛고 푸르름으로 우리 앞에 서 있다. 소멸에 잇닿은 새 생명, 소멸 역시 생명에 비하지 못할 영광임을 깨닫기까지 우린 얼마 동안의 애도의 시간이 필요하겠지.

그런데 참 이상하다. 우리가 잘못한 것도 아닌데 이런 일들을 겪으면 우리는 늘 자신을 돌아보며 무엇이 잘못되었는가를 생각하게 된다. 내가 부족해서, 내가 잘못해서 그런가 보다 하고 한없이 자신을 깎아 먹게 된다. 그럴 필요가 없는데도 말이다. 지난겨울은 유독 늦게까지 눈이 내렸다. 마치 봄이 오지 않을 것처럼. 하지만 어느새 우리 눈앞에는 찬란한 봄이 펼쳐져 있다. 그렇게 그렇게 지금의 시간도 흘러갈 것이고 여름이 올 것이다. 우린 또 우리가 모르는 그분의 인도하심을 쫓아 새로운 길 위에 있게 되리라. 그 길 위에서 뜻밖에서 일하시는 그분을 만날 것이다. 또한 웃게 하실 그분으로 인하여 이 땅의 삶이 비록 남루할지라도 오직 그분 한 분으로 빛날 수밖에 없는 계절을 노래하게 되리라.

하나님 나라는 어둠 한복판에서, 또한 그의 백성이 사회적으로나 영적으로 위기를 만나 변방으로 밀려났을 때 시작되어 왔다는 사실을 기억할 필요가 있다.

- 박윤만, 「그 틈에 서서」 중에서

'우리'라는 말은

나.
너.
우리.
우리나라.
대한민국.

70년대 국민(초등)학교 국어 교과서 첫 문장이다.
나. 너. 그리고 나와 네가 함께인 우리. 너와 내가 살아가는 우리나라. 나는 이상하게 '우리'라는 단어에 강하게 끌렸다. 그래서인지 무궁화라는 노래가 좋았다. 노랫말이 곱고 음이 간단한 탓도 있었겠지만 아침나절 한 번 부르기 시작하면 하루 종일 입에 붙어 있었는데 작대기 하나를 주워 담벼락을 끌고 다니며 노래를 불렀다. 그러다 멈추어 서서 바라본 하늘은 사이좋게 피어 있는 무궁화로 보이지

않았을까?

무궁화 무궁화 우리 나라꽃 삼천리강산에 우리나라 꽃
피었네 피었네 우리 나라꽃 삼천리강산에 우리나라 꽃

이 교과에는 사실 상상할 수 없는 배경이 있다. 73년 유신 이후 "우리"라는 제목 아래 "나, 너, 우리, 우리나라, 대한민국"이 첫 문장으로 소개되는데, 배움에 입문한 어린이들에게 국가 의식, 집단의식부터 심어 주려는 지배 이데올로기가 숨어 있다. 우리는 의식 없이 배우고 익혔지만 그 안에는 이러한 불순한 의도가 숨겨져 있는 것이다. 그럼 지금 아이들은 어떨까? 지금 아이들의 국정교과서를 보면 무척이나 다양해졌다. 그리고 세분화되었다. 민주주의, 인본주의의 영향으로 자아의식을 강조하고 가족 중심 및 다문화를 강조하고 있다. 읽을 책이 넘쳐나는 지금의 아이들은 자기들이 배운 국어 교과서의 첫 문장 따위는 기억하지 않는다. 하지만 나의 머릿속에 선명하게 각인된 문장과 단어는 바로 '나, 너, 우리, 우리나라'다. 하나로서는 결코 이룰 수 없는 말 '우리'. 난 '우리'라는 낱말이 참 좋다.

평신도 사역자로 사역을 하다 부름을 받고 나이 40에 신학을 시작했다. 하나님의 예비하심이었는지 공부 시작과 더불어 대구의 3000명 규모의 S교회로 사역을 나가게 되었다. 신학생들이 선호하는 베스트 사역지가 있다. 앞으로 한 사람 몫을 해내는 사역자로 도움받을 수 있는 교회를 원한다. S교회는 바로 그런 교회였다. 기도하는 교회였고 사랑이 넘치는 교회였다. 그분들은 설익은 냄새가 폴폴 풍기는 나를 향해 '우리 전도사님', '예쁜 우리 전도사님'이라고 불러 주었다. 내가 담당한 유년부 아이들, 부서 교사들부터 허리가 굽은 권사님에 이르기까지 고사리 손과 주름진 투박한 손이 연필만 굴린 내 손을 맞잡아 주었다. 함박 핀 목련꽃과도 같은 웃음 머금은 아이들의 입술이, 초승달 같은 눈을 한 주름진 입술이 '우리 전도사님'이라고 부른다. 그때의 그 감격은 잊을 수가 없다. 낯선 대구로 공부를 위해 올라왔다. 아는 사람이라고는 단 한 명도 없었던 타지. 그곳에서 그들이 불러 준 '우리'는 그리스도의 사랑으로 엮임 받는 증거였다. 공동체 안으로의 편입이라는 신성한 출입증과도 같은, 이제는 혼자가 아니라 우리 속의 '너'라는 존재 인식이었다. 나는 그냥 전도사가 아니라 '우리 전도사님'이었던 것이다.

첫애를 낳고 엄마가 되고 둘째와 셋째가 태어나 '우리 엄마'가 되었다. 아이들 역시 '우리 딸', '우리 막둥이'가 되었다. 우리는 그렇게 하나가 되었고 그 하나로 모진 시간을 지날 수 있었다. 혼자서는 결코 견딜 수 없었던 시간을 '우리'였기에 견뎌올 수 있었던 것은 아닐까? 이렇게 '우리'라는 말은 나에게 특별하다. 단순한 '우리'가 아니다. 나는 때로 '우리'라 적고 '다정'으로 읽는다, '우리'라 적고 '혼자가 아니야'로 읽는다. '우리'라 적고 '괜찮아, 다 괜찮아'로 읽는다. '우리'라 적고 '힘들었지?'라고 읽는다. '우리'라 적고 '사랑해, 언제나'로 읽는다. '우리'라 적고 '다 잘될 거야'라고 읽는다. '우리'라 적고 '너와 함께한다'로 읽는다.

'홀로 있는 나', '홀로 있는 너'는 자연 질서에 역행하는 일이다. 하나님의 창조 섭리는 공동체에 있다. 더불어 이루는 우리에 있다. 교회 공동체는 예수 그리스도로 말미암아 세례를 통해 서로 접목을 이루는 한 몸 된 '우리'다.

인간은 아무도 고립되고 독자적인 섬이 아니다.
흙덩이 하나가 바닷물에 씻겨 내려가면
유럽이 그만큼 작아진다.
곶이 쓸려 나가든 친구나 내 소유의 영지가 쓸려 나가든 마찬가지다.
나는 인류의 일부이기 때문에 어느 누구의 죽음에도
나는 그만큼 줄어든다.

그러니 누구를 위해 종이 울리는지 알려고 하지 말라.
종은 그대를 위해 나를 위해 울리는 것이다. - 존 던

가운데 걸 남기는 거란다

마음을 자극하는 단 하나의 사랑의 명약, 그것은 진심에서 오는 배려다.
- 메난 드로스

아파트 뒤로 자그마한 동산이 있다. 30년 가까이 된 우리 아파트와 젊은 새댁들이 많이 사는 새 아파트가 이웃하고 있지만 자주 다툼의 원인이 된 주차장 문제로 철망이 쳐져 있다. 동산으로 이어지는 길 끝에서야 두 아파트 주민은 하나로 된 오솔길을 걷는다. 문명의 이기는 다툼을 부르지만 풍요로운 자연이 베푸는 은혜는 함께 공유함에 있다. 수분을 머금은 무거운 공기가 아래에서부터 훅하고 올라온다. 장마라 했건만 하늘은 흐릴 뿐 쏟아지는 빗줄기를 기대하기는 어렵다. 몇십 년 만의 무더위라는 기상청 예보를 떠올리며 오솔길을 걷자니 나무 아래 벤치가 보인다. 초록 잎사귀마다 하얀 꽃송이를 얹어놓은 듯하다. 상처 입기 쉬운 순백. 그래서일까? 초록 잎은 자신들의 잎으로 꽃송이를 떠받치고 있는 모양새다. 꽃향기는 습기를 머금어 무겁고도 짙다.
"그래, 그때도 이랬던 것 같다."

13년 만에 만난 친엄마와 난 2년 정도를 함께 보냈다. 그 2년간 엄마는 딸에게 많은 것들을 해주고 싶었던가 보다. 굳이 여자, 일본, 이런 것은 아니었지만 엄마의 의식세계가 그 안에 있었고, 엄마의 문화가 그러했다.

엄마가 사는 동네에는 꽤 오랜 시간 차(茶) 교실을 운영하고 있는 선생님이 계셨다. 엄마도 10년 이상 선생님께 다도를 배우셨다. 일본에서 10년 정도는 아무것도 아닌 다도수련이다. 대부분 제대로 된 차를 우려내기 위해서는 15년 이상의 수련 기간을 거친다. 3년 정도의 정기과정을 마치면 다도 사범증을 받게 되는 우리나라와는 달리 차를 우려내는 것에도, 물을 끓이는 숯을 만드는 것에도, 다과를 준비하는 것에도 준비하는 마음과 솜씨가 자연스럽게 몸에 익기까지 많은 시간을 투자해야 한다. 몸 기술이 마음과 정신이 되기까지 생활로서의 배움이라고 할까? 엄마에게서 듣게 된 다도는 그러했다. 어디 다도뿐일까? 화도(꽃꽂이)나 서도(서예)도 그러하다. 그런 까닭에 도(道)라

표현하는지도 모르겠다.

그날은 정기로 모이는 차 모임이 있는 날로 나와 함께 오라는 초대를 받았다. 일본에서는 절기마다 차 모임을 가진다. 절기마다 입는 옷이 다르고, 사용하는 그릇이 다르고, 도코노마(손님을 접대하는 방으로 한쪽 벽면을 바닥보다 높게 만들어 족자를 걸고 화병을 놓아둔다)에 걸리는 족자가 다르다. 오래된 일이라 어떤 절기인지도 잊었는데, 다만 더웠다는 것과 장마가 시작될 무렵이었다는 것은 확실하다. 엄마는 내게 유카타를 챙겨 입혔다. 기모노보다 모든 것인 간소한 옷이지만 혼자 입는 것은 여전히 무리였다. 단추가 있는 것도 아니고 통으로 된 긴 천을 손재주로 길이를 맞추고 품을 조절해 오비로 묶는다. 우리나라 한복과 또 다른 매력을 가진 유카타는 예뻤다. 가슴이 조이고 폭이 좁아 걷기에 불편하지만 오비를 맨 허리가 든든히 배를 받쳐 줘서 등을 펴고 꼿꼿이 걷게 해준다. 그런데 덥다. 기껏 예쁘게 입었건만 골목을 걸어가며 땀범벅이 되었다는 것과 적지 않게 투덜거리며 그 길을 걸었던 것이 기억에 남는다.

초대된 사람들은 엄마랑 가까운 이웃분이셨고, 오랜 시간 차(茶)회원으로 함께했던 분들이라 했다. 유카타를 입고 앉는 것은 불편했고 다리도 아팠다. 하지만 몸가짐에서부터 함부로 할 수 없는 압도적인 정숙함이랄까 그런 엄숙한 고요가 느껴졌다.

정객으로부터 다과 판이 돌기 시작했다. 차 맛을 모르는 나이지만 함께 나오는 다과만큼은 욕심을 낼 만큼 좋아했다. 하지만 욕심껏 먹을 수 있는 자리가 아니다. 다과 판이 돌려지고 자기 몫의 다과를 개인 접시에 옮겨 담았다. 조급해지는 내 마음과는 달리 다과 판은 느리게 왔다. 내 앞에 왔을 때는 중앙에 한 개와 귀퉁이 모서리에 한 개가 남아 있었다. 나는 잠시 머뭇거렸다. 무엇을 집어야 하나. 아마 잠시 고민을 하며 어떤 것의 모양이 허물어지지 않고 더 깔끔한가를 매의 눈으로 살폈는지도 모른다. 바로 그때 엄마는 나에게 이렇게 말씀해 오셨다.

"그럴 때는 말이지, 가운데 걸 남기는 거란다."
엄마는 정확히 내 젓가락이 가운데를 향하는 것을 보고 말씀하신 듯하다.
"마지막 과자가 정중앙에 남아 있도록 다른 것을 집어라. 가운데 것을 남겨 마지막으로 집는 사람이 남는 것을 먹는다는 느낌이 들지 않도록 말이다."

남는 것을 먹는다는 기분이 들지 않게 배려하라는 말씀은 두고두고 마음에 남았다. 함께 먹지 못하는 식구들을 위해 음식을 남겨 두는 것이 아니라 먼저 음식을 덜어 놓는 것, 음식을 차례차례 나누어 먹는 자리에서는 가운데 음식을 남길 수 있도록 배려하는 것. 아주 작은 것이지만 내게는 굵직하게 새겨진 엄마의 가르침이 아닐 수 없다.

무시되기 쉬운 작은 부분에서 배려를 받으면 내 존재가 소중히 대접받는 듯해 고마운 마음이 든다. 삶의 작은 부분, 관심을 드러내고 섬길 수 있는 부분은 많다. 배려란 보이지 않는 부분에서 다른 이를 섬기고 존중하는 것이 참뜻일 터인데 우리는 그 배려조차도 드러내며 생색내려는 것은 아닌지 돌아본다. 오늘은 엄마가 그립고 달콤한 화과자의 단맛을 깔끔하게 씻어 준 진한 말차의 쓴맛이 그리워진다.

노동이 기도가 되는 때

기도만큼 어렵고 기도만큼 쉬운 일이 또 있을까? 초신자들이 가장 많이 묻는 말 가운데 하나가 "기도를 어떻게 하나요?"이다. 기성 신자들이 그들에게 자연스럽게 하는 대답은 "기도는 하나님과의 대화다. 어려워하지 말고 마음에 있는 소원을 아뢰면 된다"이다. 그 이후 기도훈련, 기도학교, 광야기도, 어머니기도 등등 많은 기도 프로그램을 소개하기도 한다. 맞다. 기도에도 훈련이 필요하고 기도에도 동역원이 필요하다. 그렇다고 기도가 능숙해질까? 그렇다면 기도가 능숙해진다는 것은 무엇일까? 기도 응답을 많이 받는 것, 어느 자리에서건 막힘없이 기도할 수 있는 것이 능숙해지는 것일까?

한때 기도에 자신 있었던 적이 있었다. 기도하는 것마다 응답이 이루어졌다. 개인 기도뿐 아니라 누군가에게 기도 부탁을 받고 몇 날이고 작정하고 기도하면 응답해 주셨다. 신대원 시절 가까이 지내던 여전도사님이 "기도 제목 있으면 김 전도사 갖다 줘라"고 할 만큼 주위에도 기도 조금 하는 사람으로 소문이 났다. 그렇게 얼마간의 시간을 보내고 나니 교만해진 탓인지 기도 응답이 더디 오기 시작했다. 아니 숫제 응답되지 않는 것이 늘어났고, 나의 기도에 귀 기울이고 계시는지 하나님이 의심스러워지기 시작했다. 급기야 내 기도에만 응답을 거부하시는 것 같아 고통의 시간을 보내야 했다.

그때는 몰랐다. 더디게 오는 응답을 통해 겸손과 인내를 배우게 하시는 것과 마치 듣지 않으시는 듯한 모습을 통해 유한자의 사고 너머에 계시는 절대자에 대한 신뢰를 배우게 하신다는 것을 말이다. 또한 인간의 24시에 묶이지 않으시나 언제나 일하고 계시는 25시의 하나님을 만나게 하시기 위함임을 말이다.

우리는 우리의 기도가 하나님의 계획하심 아래에 놓여 있는지 언제나 살펴야 한다. 내 열심과 내 열의로 하나님의 계획하심을 바꿀 수 있다고 확신하는 교만을 버려야 한다. 하지만 그 교만을 버리기가 쉽지 않다. 깊은 기도의 샘에 다다르면 응답이 오기 전에 맑은 심령에 내 기도가 비

처지고 자신이 드리는 간절함이 어떠한 것인지 스스로 알게 된다. 하나님께 아뢰고 있는지, 밀어붙이고 있는지 말이다. 자기 생각과 아집에 싸여서 입술의 기도마저 자기를 위한 존재성을 드러낼 때, 그때는 과감히 기도의 자리에서 일어나야 한다. 그리고 몸을 움직여 노동의 자리로 나아간다. 대단한 노동은 아닐지라도 몸을 주신 이의 계획 안에는 몸으로 얻는 유익이 있다. 이때만큼은 일상의 자리에서 해야 하는 일을 노동이라 불러도 좋을 것이다. 청소기를 돌리고 욕실의 묵은 때를 벗긴다. 매일의 일이건만 기도의 자리를 박차고 일어났을 때는 일상이 아닌 노동이다. 노동을 통해 잠시 생각을 비워낸다. 입술의 말을 잊어버린다. 바쁘게 손을 움직이고 몸의 노폐물을 배출하듯 땀을 흘린다. 노동으로 깨끗해지는 공간을 보면서 머릿속 아집과 마음의 교만과 입술의 부패함을 비워내는 몸으로 드리는 기도. 그 지점이 바로 노동이 기도되는 때다.

부서지지 않은 생각은 사물에 대한 진정한 관계를 스스로 단념한다. 반대로 부서지지 않은 마음, 곧 궁극적인 통찰을 통해 감시되지 않는 감정은 사유의 지배에서 벗어난다. 그래서 그 마음은 깜깜하고 맹목적이고 무비판적인 상태에서 자기를 위한 존재성을 내보인다.   - 칼 바르트,「로마서」중에서 작은 노동을 통해서 세포의 균열을 흩뜨리고 이기심으로 쌓아올린 마음을 부순다. 긴급히 올리는 나의 간절함도, 선교지의 선교사님들을 위한 후방기도도, 고3 자녀를 둔 가정과 환우들을 위한 기도도, 후원자들을 위한 매일의 기도도 나의 욕심이 앞서면, 나의 생각과 계획이 앞서면 이미 기도의 빛을 잃어버린다.

노동으로 비워낸 그 자리에 오롯이 그분이 가득 차오른다. 헝클어진 머리를 다듬듯 마음을 다듬어 간다. 어둠이 차분하게 내렸다. 마주한 손, 꿇은 무릎에 겸손의 옷을 입혀 주시길 소망하며 다시금 기도의 자리로 나아간다.

천 개의 아침 　　　　　　　— 메리 올리버

밤새 내 마음 불확실의 거친 땅
아무리 돌아다녀도 밤이 아침을
만나 무릎 꿇으면 빛은 깊어지고
바람은 누그러져 기다림의 자세가 되고,
나 또한 홍관조의 노래 기다리지.
(기다림 끝에 실망한 적이 있었나?)

A THOUSAND MORNINGS

All night my heart makes its way
however it can over the rough ground
of uncertainties, but only until night
meets and then is overwhelmed by morning,
the light deepening, the wind easing and just waiting,
as I too wait (and when have I ever been disappointed?)
for redbird to sing.

헤아림

50이 넘도록 고속버스를 탄 기억은 수학여행을 빼고는 두 번째인 듯하다. 비가 내리는 날 고속버스를 탔다. 비가 내려서 운전하기가 두려웠던 까닭도 있지만 그 시간만큼 책을 읽고 싶었던 욕심이었는지도 모른다. 하지만 긴장감 없이 바라보는 차창 밖 풍경에 책은 이미 무릎 위에 얌전히 놓여 있다. 비 맞은 초록이 이렇게 싱그러울 수 있다니, 필경 이것은 물오른 생명이다. 모내기 철인가 보다. 참방거리는 논에 던져 놓은 모판이 이앙기에 실려 심어지기를 기다리고 있다. 온몸을 부대끼며 좁은 모판에 있던 모들이 이앙기에 옮겨져 닿을 수 없을 만큼 서로에게 거리를 두고 뿌리를 내린다. 그들이 다시 만날 수 있는 유일한 방법은 자신의 몸을 가눌 수 없을 만큼 낱알을 맺어 고개를 숙일 때다. 그 고개 숙임만이 다시 부대낄 수 있다는 희망이 된다.

고속버스 안에는 외국인 노동자들이 많이 탔다. 그들은 그들만의 언어로 무엇이 그렇게 즐거운지 행복하게 웃으며 한껏 들뜬 모습을 하고 있다. 하기야 목포에서 광주로 가는 길이니 그 걸음이 신이 날만도 하다. 광주의 번화한 모습은 어디 목포에 비할 바이던가? 낯선 타향으로 돈을 벌기 위해 온 그들은 무엇을 쫓아 이곳에 왔을까? 내가 일본으로 유학을 하였던 80-90년대 초에는 한국 사람들, 특히 한국 여자의 일본 출입은 많은 어려움이 있었다. 많은 여성분이 유흥업소에 위장 취업을 하거나 보따리 장사로 자주 출입을 했던 까닭이다. 지금이야 한류다 k-pop이다 해서 우리나라의 위상이 더 높아졌지만 그때만 해도 일본 드라마 열풍이 우리나라를 강타했을 때이고 아메리칸 드림에 이어 가깝고 쉽게 갈 수 있는 꿈의 나라가 일본이지 않았던가? 지금 외국인 노동자들의 눈에 비친 한국은 이루 말로 다 표현할 수 없는 꿈의 도시인지도 모른다. 그들의 성공을 보장해 주고 자신들의 무채색 삶을 다양한 빛깔로 변화시킬 기회의 땅이라 생각할지도 모른다. 그들이 이 땅에서 겪는 수모나 어려움은 바로 20-30년 전 우리나라 사람들이 앞선 선진국에서 먼저 겪었던 일이다. 시어머니에게 구박받은 며느리가 나중에 더 심한 구박을 하는 시어머니가 된다는 말처럼, 지금 우리가 저들에게 행하는 행동은 우리가 당한 일을 갑절로 갚는 악한 행위인지도 모른다.

헤아림이란 무엇일까? 상대방의 처지에서 그 사람의 형편을 살피는 것이 진정한 헤아림이다. 공감하고 이해한다고는 하지만 같은 형편이 되어 보지 않고서는 진정으로 헤아릴 수 없는 것인지도 모른다. 부모를 잃은 자식의 마음을 예상할 수는 있지만 내 삶의 기둥이 되었고 내 의지처가 된 내 부모를 잃어보지 않고서는 허망한 그 마음을 헤아리기 힘들다. 신학을 하기 전 나는 제법 부유한 삶을 살았다. 또래 아이가 있어 가까이 지낸 집사님 한 분의 남편이 안수 집사인데도 십일조를 하지 않았다. 건축업을 하시는 분이셨는데 경기가 안 좋아 공사가 없었다. 집사님의 어려운 형편을 이해했기에 아이의 분유비나 장난감 책값으로 그분을 도왔다. 그분도 급할 때는 전기세며 공과금을 부탁할 때도 있었다. 하지만 그때 내 마음은 헌금에 대해서는 굉장히 단호했던 것 같다. 다만 얼마라도 헌금을 할 수 있지 않은가? 소득이 없더라도 생활비의 얼마라도 헌금을 할 수 있지 않은가? '초신자도 아니고 직분자인데' 하는 생각으로 그 가정을 진심으로 헤아리지 못했다. 그 후 친정에 부도가 나고 빚보증으로 내몰리는 상황이 되었다. 살던 집이 압류되고 교회 옆 작은 월셋집에서 생활하게 되었다. 주일은 끊임없이 돌아왔고, 처음 얼마간은 성실한 헌금 생활을 했다. 삶은 점점 힘들어지고 드리던 헌금이 부담스러워지기 시작했다. 주신 것에 감사하며 물질 너머에 그분이 계신다는 믿음으로 적은 것이라도 헌금하는 일이 참으로 힘들고 어렵다는 것을 그때야 알게 되었다.

우리의 헤아림과 이해가 얼마나 추상적이고 허술한 것인지 절실히 깨닫게 된다. 주님은 우리의 약한 마음과 죄악된 본성을 아시기에 그 하늘 보좌를 버리고 낮은 이 땅에 가장 연약한 모습으로 오셨다. 우리의 아픔과 고통을 그분은 다 헤아린다고 말씀하신다. 나와 같은 사람의 모습으로 오심으로, 겸손한 모습으로 하나님의 뜻에 순종하심으로 말이다. 겸손이 없이 진정한 헤아림은 있을 수 없다. 상대방의 위치까지 낮아져 그 사람의 입장에서 이해하는 행위, 그것이 진정한 헤아림이다. 익은 벼가 서로에게 닿기 위해서는 성실함으로 열매 맺어 고개 숙여야 하듯, 겸손함이 헤아림을 이루고 겸손함이 다른 이에게 닿을 수 있게 한다.

눈이 부시게

나이를 먹어도 살아가는 것에 지혜가 더해지지 않는다. 오히려 삶이 살아내어야 하는 숙제로 다가올 때가 많다. 내 힘으로 해결할 수 없는 문제를 만날 때, 내 자식임에도 내 뜻대로 할 수 없을 때 자신의 무력함을 절감한다. 그럴 때 우리는 잊지 말아야 할 것이 있다.

"무력한 내가 복되다."

새벽 기도를 마치고 나올 즈음이면 산 중턱에 자리한 교회 마당에 안개가 내린다. 내 몸을 감싸는 습기로 한 겹의 옷이 더해지면 괜스레 발걸음을 어둠이 걷히지 않은 교회 옆에 자리한 공원으로 옮기게 된다. 나무가 그곳에 있고 나무 아래에는 벤치가 있다. 그것으로 충분하다. 발아래 세상과 하늘에 닿을 듯 뻗어 올린 세상에서는 우리가 알지 못하는 그들만의 리그가 펼쳐진다. 떠오르는 햇살을 온 몸으로 받기 위해, 땅속 물줄기를 양껏 빨아올리기 위해, 잎사귀를 갉아 먹고 먹잇감을 채어가는 생존의 살벌함 속에 그들은 숨죽여 생명을 이어가고, 눈을 피해 성장한다. 치열한 경쟁도 소멸과 생성의 살얼음도 드러나지 않는다. 인간이 보는 것은 그들의 고통과 슬픔, 아픔과 회복이 아닌 무력함이 그대로 드러난 존재함이다.

어제는 가까이했던 권사님의 소천 소식을 들었다. 화장실도 없는 단칸방에서 홀로 사셨던 분, 시장 골목에서 노점상을 하셨던 분, 꼿꼿이 세운 뒷모습과 수려한 글쓰기를 자랑하셨던 분, 하나님께서 분명 암을 낫게 해주실 거라고 청명한 목소리로 확신하셨던 분, 병원에서 나오면 가난 속에서도 하나님께서 어떻게 병상을 지켜 주셨으며 일으켜 주셨는지 간증하며 살아가리라 확신하셨던 분. 누구보다 삶의 의지가 강했던 그분의 심지를 꺼버린 것은 무엇이었을까? 사역지를 옮기며 마지막으로 그분을 만나러 갔을 때 임지 이동을 말씀드리지 않았다. 권사님의 오랜 가난함은 이웃을 잃어버리게 했다. 아니 가난함 속에도 다른 이들의 눈치를 살피지 않는 당당함은 교회 안에서 사람을 잃어버리게 했다. 간간이 심방이라는 이름으로 찾아오는 내게서 위로를 받으시는 분께 더는 찾아뵐 수 없다는 말을 전하기가 힘이 들었다.

"전도사님. 이렇게 빨리 가실 줄 알았으면 속 썩이는 게 아니었는데. 받은 은혜를 어떻게 갚아요. 주소 꼭 보내 주세요. 감사합니다. 미안합니다."

이사 온 지 일주일이 지나 울먹이는 그분의 전화를 받았다. 그 뒤 20일을 넘기지 못하고 주님의 부름을 받았다. 위암 절제 수술 후 길어지는 항암 기간에도 육신은 무너졌지만 애써 지키던 예의 바른 말씀과 끌어당긴 턱선에서 무너지지 않는 그분의 자존심을 읽을 수 있었다.

"전도사님 외로워요."

마지막 심방이 되어 버린 그날, 그분의 입술에서 외롭다는 말이 나왔다. 그곳에는 당찬 간증자가 아니라 독거노인이자, 기초생활보장 수급자이자, 환인이자, 외로움에 독식당한 한 인생이 서 있었다. 철저히 무력한 인생의 모습을 본다.

나 역시 아무것도 가진 것이 없고 건강마저 무너져 무엇인가 할 수 있는 것이 늘어가는 것이 아니라, 할 수 있는 것이 점점 줄어가고 있음을 깨닫게 된다. 무언인가를 할 수 있는 것으로 가치가 매겨지는 인생이라면 점점 무가치한 인생이 되어 가는 것이리라. 하지만 주님은 그렇지 않다고 말씀하신다. 무력함. 우리의 무력함이 주는 위로가 여기에 있다. 무엇인가를 할 수 있다는 교만과 위선에서 벗어나 우리의 모든 능력들이 제거되고 허물어질 때, 우리 안의 성령님의 능력과 하나님의 권위는 높아진다. 이것이 무력함이 주는 하나님의 위로다. 인간은 생의 마지막까지 계획을 세우고 자신의 할 수 있음을 보여 주려 하지만 오히려 철저히 깨닫게 되는 것은 아무것도 할 수 없다는 것이다. 어쩌면 그것을 빨리 깨닫는 것이야말로 삶의 지혜, 나이 듦이 주는 지혜가 아닐까? 물론 노년은 상실과 쇠퇴의 시기다. 하지만 분명한 것은 하나님의 돌보심으로 인해 겉사람이 후패해도 속사람이 날로 새로워지는(고후 4:16) 성숙의 시기이기도 하다. 그런 까닭에 나이 듦이란 시간을 잃어버리는 것이 아니라 시간을 얻는 것이다. 연약한 무릎을 일으켜 오늘을 살아야 할 이유가, 낙타무릎이 되어 머리를 엎드려야 할 이유가 여기에 있다.

때론 불행했고 행복했습니다. 삶이 한낱 꿈에 불과하다지만 그래도 살아서 좋았습니다. 새벽의 쨍한 차가운 공기, 꽃이 피기 전 부는 달큰한 바람, 해 질 무렵 우러나오는 노을의 냄새. 어느 한 가지 눈부시지 않은 날이 없었습니다. 지금 삶이 힘든 당신, 이 세상에 태어난 이상 당신은 이 모든 걸 매일 누릴 자격이 있습니다. 후회만 가득한 과거와 불안하기만 한 미래 때문에 지금을 망치지 마세요. 오늘을 살아가세요. 눈이 부시게. 당신은 그럴 자격이 있습니다. 누군가의 엄마였고, 누이였고, 딸이었고 그리고 나였을 그대들에게.

- 드라마 〈눈이 부시게〉 중에서

어느 시상식에서 배우 김혜자의 목소리를 통해 들었던 대사다. 드라마를 보지 않아 내용은 알지 못하지만 이상하니 소천한 권사님의 목소리로 들려진다. 턱을 바짝 당기고 곧추세운 허리로 당당히 우리를 향해 입술을 여는 권사님의 모습이 그려진다. 더 많이 심방하지 못했다는 죄책감 가득한 후회보다, 누군가의 엄마이고 누이인 수고하는 이 땅의 그대들을 더 많이 돌아보리라 다짐을 하며 눈부신 이 하루를 살아간다.

몸을 자라게 하는 것, 영혼을 자라게 하는 것

젊어서는 오감으로 음식을 먹고 나이가 들어서는 추억으로 먹는다는 말이 있다. 맞는 말이다. 나이가 들면 어떤 음식을 먹을 때 맛과 더불어 그 음식에 깃든 이야기를 떠올리게 된다. 음식도 시대마다 유행을 달리하는데 90년대는 피자와 스파게티, 80년대는 돈가스와 함박 같은 경양식, 70년대는 중화요리가 중심이 되었다. 유복한 어린 시절을 보낸 나는 유행에 맞춰 그 시대의 음식을 향유할 수 있는 특권을 누렸다. 그 특권은 절박함이나 아픔이 아닌 지금의 가난을 상쇄하는 풍요로움이며 즐거움이 되어 준다.

어릴 적, 늦은 시간에 가면 물이 더럽다는 이유로 일요일 아침 일찍 엄마의 손에 이끌려 동네 목욕탕을 간다. 엄마, 2살 위인 언니, 그리고 두고 갈 수 없는 미미인형과 함께 나는 목욕바구니를 든다. 엄마는 우리의 몸을 가볍게 씻긴

다음 몸이 잘 불도록 뜨거운 탕에 들어가 있으라고 말씀하신다. 한 쪽 발을 담그니 피부가 따끔거린다. 들어가기 싫다. 넌지시 엄마 쪽을 바라본다. 엄마는 들어가나 안 들어가나 보고 계신다. 할 수 없다. 들어가야 한다. 겨우 두 발을 담그고 탕 속에 서 본다. 부르르르, 발끝에서 머리끝까지 있는 힘껏 뜨거운 탕에 저항하는 장난기 가득한 몸. 이럴 때는 조금씩 조금씩 몸이랑 타협을 해야 한다. 엉덩이를 탕 속 중간쯤에 걸친다. 벌써 얼굴에는 땀이 송글 맺히고 노출된 어깨에는 한기가 든다. 머리 밑은 뜨거운데 젖은 머리칼은 차가워졌다. 손바닥으로 바가지를 만들어 왼쪽 어깨에 부어 본다. 따뜻한 온기가 물방울이 되어 사라진다. 탕 속에 담긴 팔을 들어 보니 빨갛게 변해 있다. 덥다. 목이 탄다. 엄마를 돌아본다. 다행히 엄마는 씻기에 여념 없다. 그럼 이제 찬물에 가서 첨벙거리고 놀아야지.

얼마나 놀았을까? 엄마가 부르는 소리에 엄마 옆으로 간다. 엄마는 차가워진 등을 찰싹 손바닥으로 때리며 때가 하나도 안 불었다고 화를 내신다. 울먹울먹하는 나에게 엄마는 극약처방을 하신다. 삼각 커피우유 하나. 나의 온몸이 엄마의 말에 순종하게 되는 묘약이다. 커피우유를 쪽쪽 빨아먹는 동안 엄마는 다리와 등의 때를 미신다. 다 마시면 이제 나는 엄마 허벅다리에 눕혀지고 배랑 가슴을 밀리게 되는데 커피우유의 약발이 다 떨어졌는지 그것이 그렇게 아플 수가 없다. 불 위에 올라간 오징어마냥 몸이 말린다. 엄마는 말린 몸을 펴랴 때를 벗기랴 손에 짜증이 실리고 내 눈에는 닭똥 같은 눈물이 뚝뚝 떨어진다. 엉덩이를 하늘까지 쳐들고 머리를 세숫대야에 박아 머리를 감고서야 내 차례가 끝난다. 언니가 때를 다 밀 동안 가져온 미미인형 몸을 엄마가 내 몸을 씻기듯 씻기고 머리까지 감긴다. 아침상을 물리자마자 목욕탕에 왔는데 우리는 점심시간을 넘겨 목욕탕을 나왔다.

목욕탕의 거사를 마치면 누구 할 것 없이 시장기를 느꼈다. 누구보다 언니랑 나까지 씻긴 엄마는 더더욱 시장하셨을 테지. 우리 손을 잡고 중국집으로 향한다. 엄마는 볶음밥, 언니는 짜장면, 나는 우동을 시키면 급하게 엄마는 군만두를 추가하신다. 나는 어려서부터 짜장을 안 좋아했다. 짜장을 먹으면 입안이 따끔거리는 것이 혀가 굳는 듯한 느낌이 들었다. 왜 그런지 이유는 알 수 없지만 엄마는 내가 짜장을 만드는 춘장에 예민해 소화를 잘 못하는 것 같다고 하셨다. 목욕탕에 가서 때를 미는 것은 고통이었지만 엄마와 함께 먹는 중국음식은 그렇게 맛이 났다. 우동의 시원함도 엄마가 추가한 군만두를 찍어 먹는 새콤한 고춧가루간장도 죽은 세포가 떨어져나가고 내 몸을 한 뼘 더

자라게 한 양분이다. 그렇게 내 몸은 자라났다.

교사들과 함께 오스왈드 챔버스의 「주님은 나의 최고봉」 묵상에 이어 토마스 아 켐피스의 「그리스도를 본받아」를 읽어 나가기 시작했다. 단순한 읽기 활동이 아니라 읽고 서로의 묵상을 짧게 나눈다. 우리의 영혼의 때가 벗겨지고 영혼을 살찌우기에 충분한 시간이다. 고전이 주는 유익은 결코 가볍지 않다. 경박한 시대를 살아간다. 매일 아침 샤워로 청결함을 가장해도 묵은 때가 쌓여만 가는 것처럼, 사고(思考)함이 없는 단답형 큐티는 갈함만 더한다. 굳이 삶의 적용점을 이끌어 내지 않아도 토마스 아 켐피스의 묵상을 따라 읽으면 그의 치열한 내면의 성찰을 통해 내 삶의 결핍이 어디에서 비롯되었는지 알게 된다. 「그리스도를 본받아」를 통한 묵상으로 말씀 앞에 더욱 한 걸음 나아가게 된다. 그렇게 내 영혼은 자라난다.

내면의 삶을 중시하는 사람은 다른 그 어떤 것보다도 자기 자신을 먼저 살피고, 자신을 부지런히 살피는 사람은 다른 사람들에 대해서는 침묵합니다. 다른 사람들의 일에 대하여 침묵하고, 자기 자신을 깊이 살피지 않는다면 결코 내면이 성숙한 경건한 사람이 될 수 없습니다. 전적으로 자기 자신을 살피며 오직 하나님만을 바라본다면 밖에서 무슨 일이 일어나더라도 별로 요동하지 않게 됩니다.

- 토마스 아 켐피스,「그리스도를 본받아」중에서

상처 입은 신앙

1995년 비극적인 사건이 발생했다. 더위가 점점 무르익어 가던 6월의 퇴근 무렵, 서울 시내 한중간에 있던 백화점이 무너져 내렸다. 500명에 가까운 사망자를 낸 이 사고는 무리한 증축에 의한 예견된 사고였다. 많은 사람이 매몰되었고 발 빠른 구조작업이 펼쳐졌지만 구조를 기다리는 사람들은 턱없이 많았다. 하루, 이틀 여러 날에 걸쳐 생존자들을 찾았고, 그 수고에 응답이라도 하듯 구조되는 이들이 있었다. 마지막으로 구조를 받은 이들은 혼자 17일을 건물더미 속에서 버텼다. 그들은 어떻게 그 좁은 공간에서 홀로 그 시간을 버틸 수 있었을까? 생존자들 가운데는 신앙이 있어 기도하면서 견딜 수 있었다는 증언이 있었고, 가족들과의 화목했던 시간이 견딜 수 있게 해주었다는 증언도 있었다. 그렇다면 생명이 경각에 달리고 바로 눈앞의 일조차 가늠할 수 없을 때 인간을 견디게 하는 힘은 과연 무엇일까?

언제 가스실에 끌려 들어가게 될지 모르는 끔찍한 상황들을 매일 눈앞에서 보아야만 하는 나치 수용소에서 죽음보다 더 고통스러운 시간을 견뎌낸 이가 있다. 그중 한 사람인 빅터 프랭클은 그 시간을 견딜 수 있었던 것은 '의미를 향한 멈출 수 없는 갈망' 때문이라고 말한다. 내가 당하는 고통의 원인과 의미는 알 수 없다 할지라도, 살아야 하는 의미를 잃지 않는다면 고통 속에서도 살아낼 수 있다는 말이다. 의미. 살아야만 하는 의미. 우리를 살게 하는 그 의미의 발견. 내게 신앙이 그 의미가 될 수 있을까? 만약 내게 신앙이 없었다면 나의 지난한 삶을 견뎌낼 수 있었을까? '신앙이 없었다면 나의 삶은 오히려 편안했을 거다'라는 불온한 생각을 했던 적이 분명히 있다. 오히려 신앙으로 인해 힘듦과 고통이 더 짙어졌다는 생각을 했다. 신앙이 없었다면 할 수 있는 일 선택의 폭이 더 넓어졌을 것이고, 억누르고 참아야 하는 순간이나 모욕을 당하는 일이 적었을지도 모른다는 생각을 하기도 했다. 나의 고통의 문제를 해결하고자 많은 시간을 하나님 앞에 엎드렸다. 아니 적어도 이 고통의 의미만이라도 알고 싶었다. 그 의미를 알면 조금은 견디기 쉬울 듯했다. 침묵하시는 하나님을 바라보며 이 지구상 78억이 넘는 인간 중 하나님께 혼이

나는 것은 나밖에 없다는 생각이 들 만큼 매일매일의 삶이 고통스러웠다. 죽기를 다짐하는 날이 있었고, 아침 해가 뜨지 않기를 바라는 수많은 날이 있었다. 그러다 견딤의 시간이 지난 후 그 고통의 시간을 헤아려 보았다. 어떻게 지나올 수 있었을까? 어떻게 견뎌낼 수 있었을까? 스스로 대견하다 칭찬해 줄 만큼 어려웠던 나날들. 난 그 시간 앞에 하나님께 소리쳤다. 내가 견딜 수 있었던 것은 당신으로 인함이 아니다. 생때같은 자식 때문이었다. 저 아이들이 나를 살게 했다고 나는 고개를 들고 침묵하시는 하나님을 향해 도전장을 내밀었다.

나는 하나님 앞에 상처 입은 마음이었다. 하나님으로 인해 상처를 입었다. 하나님의 침묵으로 나는 버림받은 마음을 갖게 되었고, 더 큰 외로움을 맛보았다. 상처 입은 내가 하나님 앞에 화를 낼 수 있는 유일한 방법은 하나님을 떠나는 것이 아니었다. 하나님께 반항하더라도 여전히 하나님 앞에서 살아가며 하나님 앞에서의 충성을 버리지 않는 것이었다. 하나님의 침묵은 어제오늘의 것이 아니다. 그 옛날 침묵하신 하나님 앞에 선 상처 입은 신앙의 욥을 본다. 충성을 잃지 않은 저항을 본다. 하나님은 기꺼이 우리를 저항으로 초대하시고 함께 논쟁하기를 거절하지 않으신다. 적극적으로 '의미'를 물어오기를 원하고 계신다. 폭풍우 가운데 나타나신 욥의 하나님은 아무것도 설명해 주시지 않는다. 다만 유한한 피조물인 욥으로서는 무한한 전능자이신 하나님의 섭리를 다 이해할 능력이 없음만을 드러내신다. 우리가 겪는 일상의 크고 작은 모든 일들은 그분의 섭리하심과 다스리심이 없이 일어나지 않는다. 우리의 삶에서 일어나는 그 작은 일들 하나하나가 하나님이 우리와 소통하시는 방법임을 깨달아야 한다. 하나님은 우리의 모든 것을 아시는 분이다. 그분은 언제나 내가 의식하든 의식하지 못하든 그곳에 늘 함께 계신다. 그분이 거절하지 않으셨던 나의 분노, 나의 상처, 나의 논쟁에 말을 걸어오신다. "그곳에 내가 늘 함께 있었다." "그 시간을 내가 함께 견뎌오고 있었다."

하나님은 우리의 논쟁을 거절하시는 분이 아니다. 오히려 논쟁하길 원하시고 그 논쟁에서 져주길 원하신다. 굽이굽이 모퉁이 길을 돌아설 때마다, 절망에 무릎이 굽어질 때마다 내가 견뎌낸 것이 아니다. 아스팔트 위에 핀 작은 민들레를 통해서라도 살아낼 의미를 숨겨 두신 그분이, 고사리 같은 아이들의 손의 온기를 통해 견딜 수 있는 의미를 부여하신 그분이, 그 시간, 그곳에 늘 함께하심으로 모든 것의 의미가 되어 주셨다.

민들레꽃

— 조지훈

까닭 없이 마음 외로울 때는
노오란 민들레꽃 한 송이도
애처롭게 그리워지는데

아 얼마나한 위로이랴
소리쳐 부를 수도 없는 이 아득한 거리에
그대 조용히 나를 찾아오느니

사랑한다는 말 이 한 마디는
내 이 세상 온전히 떠난 뒤에 남을 것,

잊어버린다. 못 잊어 차라리 병이 되어도
아 얼마나한 위로이랴
그대 맑은 눈을 들어 나를 보느니

마늘을 까다

5-6월이면 햇마늘이 난다. 도시에서만 산 여자가 그것을 알리 만무하지만 오랜만에 나간 시장에서는 여기저기 마늘을 한 접씩 묶거나 대가리만 따서 바구니에 담아 팔고 있다. 채 다 마르지 않은 것은 장아찌용으로, 완전히 숙성 후 말린 것은 일반용으로 사용할 거라는 것도 주인의 설명을 듣고 알게 되었다. 무슨 마음에서일까? 선홍색에 가까운 보랏빛에 이끌려 마늘장아찌를 담아 보겠노라고 반 접을 샀다. 반접을 사면서도 엄청난 양에 기가 눌려 "장아찌 하고 남은 건 그냥 먹어도 되지요? 김치 담아도 되지요?" 하고 물으니 이상한 눈으로 쳐다본다. 그럴 것이 부쩍 흰머리가 늘어 이제 아무리 어리게 보아도 40 이상은 먹어 보일 터인데 '그 좋은 나이 먹도록 뭐 하고 살아왔기에 마늘 하나 사는 것이 이렇게 어렵나?' 하는 눈빛이다. 햇마늘이라 마늘 특유의 냄새가 안 난다고 생각한 건 착

각이었나 보다. 좁은 차 안에도, 집에도 마늘 냄새로 가득하다. 마늘은 마늘이다.

남편과 싱싱한 상추와 된장에 햇마늘을 하나 까서 쌈으로 점심을 먹었다. 계절은 눈으로만 느껴지는 것이 아니라 입으로, 온몸으로 느껴진다. 보드라운 상추의 잎이 입속에서 치아에 부딪힌다. 상추 특유의 맛은 없지만 그 무(無)맛이 주는 넉넉함은 함께 어울린 잎채소나 쌈장의 맛을 부드럽고 풍성하게 만들어 준다. 남편은 생마늘을 입에 넣고는 아린 맛이 적다고 한번 먹어 보라고 하지만 자신이 서질 않는다. 잘 먹지도 않는 마늘을 반접이나 들고 왔으니 남편은 무슨 일인가 싶다. 마늘장아찌를 담아 보리라고 말을 하고 같이 마늘껍질을 까달라고 하니 마늘장아찌는 통으로 담는 거라고 발뺌을 하려고 한다. 두 해 전인가 통마늘장아찌를 담으려다 실패를 한 경험이 있어 이번에는 알장아찌를 담으려 한다고 물러서지 않고 껍질을 까달라고 했다. 밥상을 물리고 마주 앉아 마늘을 깐다.

마른 마늘보다 쉽게 까졌다. 술술 벗겨지는 것이 재미가 난다. 정신없이 까다 보니 엄지손가락이 빨갛게 부어오르고 탱탱하니 열이 올랐다. 맵지 않다고 생각했지만 제대로 마늘 특유의 독기가 서려 있다. 바구니에는 깐 마늘이 제법 수북이 쌓였다. 껍질을 벗은 마늘은 아이의 하얀 젖니를 닮았다. 아이가 밤새 열이 오르고 앓고 나면 탱탱 부은 잇몸 사이로 새하얀 젖니가 고개를 내민다. 아침이면 우린 알게 된다. 젖니가 나려고 그렇게 열이 나고 잇몸이 부어올랐던 거구나. 아린 손가락과 말간 얼굴 내민 햇마늘을 보면서 마음이 흐뭇해진다. 아프지 않고 자라는 것이 있을까? 자라는 아이를 보면 알 수 있듯 아픔을 통해 우리는 성숙을 배운다. 넘어지고 부딪힘을 통해 아이가 걸음을 배우듯, 신열을 내며 하룻밤 앓아눕고 나면 키가 한 뼘을 자라 있듯이 말이다. 그분이 허락하시는 고통에 의미 없는 것이 있을까? 남편의 실직이 길어질 듯하여 저장 음식을 준비하는 것이 생활의 지혜이듯, 지금 주어진 상황 속에서 그분의 온전한 뜻을 찾아가는 것이 믿음의 여정이요, 삶의 여정이 아닐까 한다.

지상에는 하늘나라로 가득 차 있다.
모든 평범한 나무들이 하나님과 함께 불타오른다.
그러나 볼 줄 아는 자만이 신발을 벗으며
다른 이들은 나무 주변에 몰려 앉아 검은 딸기나 줍는다.

- 엘리자베스 배럿 브라우닝

삶의 무게가 어깨를 짓누르고, 안개로 눈앞이 가리어질

때, 마땅히 바라보아야 할 것을 보지 못하고 땅으로만 향하는 시선을 경계해야 한다. 내 눈이 향해야 하는 곳은 검은 딸기가 아닌 그분과 함께 불타오르는 나무다. 신을 여미고 분주히 찾아 헤매는 것이 아닌, 오히려 신을 벗고 무릎을 꿇을 때다. 눈을 부릅뜨고 검은 딸기를 찾는 것이 아니라, 오히려 눈을 감아야 한다. 신을 벗고 무릎을 꿇고 눈을 감을 때 오히려 선명히 보이는 불빛. 우리의 삶의 자리 곳곳에 하나님께서는 그 불빛을 숨겨 두셨다. 마늘을 까다 아린 눈에 눈물이 맺힌다. 말갛게 씻긴 눈이 타오르는 불빛을 발견할 수 있으면 좋겠다.

줄무늬 강낭콩

어제 콩을 털었다고 집사님께 콩을 받았는데, 그대로 냉장고에 넣어 뒀다 아침에서야 생각이 나 콩을 꺼냈다. 아직 그 생명력이 남아 있는 듯 콩깍지의 풋내와 수분이 느껴진다.

쭈그려 앉아 콩깍지를 깐다. 손톱 끝에 푸르죽죽한 초록물이 물들어 가고 손끝이 아려온다. 좌르르 소리를 내던 콩들이 묵직한 묶음으로 쌓여 갈 때 콩 까던 손을 멈추고 가만히 껍질을 까고 나온 콩을 들여다보았다. 온몸으로 태양을 받고, 대지의 어머니로부터 양분을 얻어 탄생한 줄무늬 강낭콩이 수줍게 얼굴을 드러낸다. 그 얼굴에는 우리가 미처 볼 수 없었던 보라색 태양 빛이 서려 있다. 태양으로 색을 입고, 흙으로 몸을 키워, 농부의 정성으로 태어난 콩 한 줌, 제대로 여물었다. 같은 몸에서 나왔지만 얼굴이 닮은 듯하나 똑같은 줄무늬가 없다. 자연의 신비요, 창조주의 솜씨다.

콩을 까고 있자니 자꾸만 코끝이 찡해 온다. 콩깍지를 깨고 나오는 건 줄무늬 강낭콩이 아니라 보고픈 얼굴들이다. 사이좋게 어깨를 나란히 하고 앉은 모습 속에 내 얼굴을 찾는다. 왠지 내 얼굴은 찾을 수 없다. 그렇게 그들은 여전히 나란히 있지만 나만 홀로 외따로이 있다.

그들이 그립다.

어깨를 마주할 때는 소중함을 몰랐다. 그 얼굴들이 새록새록 정이 들고 그리워지는 건 떠나온 뒤다. 그래서 누군가는 "있을 때 잘해"라는 말을 했는가 보다. 정들었던 대구를 떠나 강원도에 왔다. 남편의 목회지가 아니었던들 이곳까지 올 일이 있었을까? 낯설고 물설다는 말이 이런 것일까? 눈에 보이는 자연조차도 익숙하지 않다. 처음에 양구에 왔을 때 한동안 이명으로 힘겨웠다. 고도가 높아서 그렇단다. 아침마다 자욱하게 안개가 생기는 것은 높은 고도에도 불구하고 산과 산으로 둘러싸인 분지 지형이라 그렇다. 대구도 분지였건만 양구는 병풍처럼 둘러싸인 산의 모양새가 위압적이다. 좁은 동네인 만큼 들고 나는 이들을 하룻밤 소문만으로도 알 수 있는 곳이다. 그런 까닭에서인지 타지에서 온 우리는 그들의 세계에 속하지 못하고 경계의 눈빛을 느낀다. 시간이 얼마나 필요할까? 담임지가 아닌 부교역자다 보니 교인들과의 접촉도 제한적이다. 혼잣말이 늘었다. 군부대 지역인 영향일까? 귀에 들려오는 언어마저 낯설다.

콩을 가져온 집사님의 손길이 더없이 다정하다. 어느 누구 찾아올 이 없는 곳이건만 한 해의 수고를 다만 교역자라는 이름으로 함께 나누어 주신다. 콩 몇 알이 아닌 그분의 시간과 땀방울을 받는다. 얼마의 시간의 필요한지 알 수 없으나 씨를 뿌리고 싹이 나 열매를 맺듯이 성도님과의 시간도 그렇게 여물어 가면 좋겠다.

콩을 얹어 밥을 한다. 태양, 대지, 농부의 땀까지. 이 콩은 내 몸의 피를 돌게 하고 근육에 힘을 붙이며 뼈를 튼튼히 하겠지. 위로만 자라는 것이 아니라 속으로도 옹골진 몸이 되어 한여름 땀 흘린 그분들 앞에 서게 되리라. 평균연령 65세. 척박한 땅을 닮아 도시 분들보다 나이 들어 보인다. 하지만 이분들의 얼굴이 제대로인 것은 아닐까? 도시의 화려함이나 인공의 멋이 아닌 흙을 닮은 성정과 바람이 만들어 준 주름을 그대로 간직한 이들. 어쩌면 그들의 맑은 눈에 비친 내 모습은 그들이 경계해야 할 도시의 허상에 가까운지도 모른다. 가식과 위선을 벗고 참 사랑을 배울 자세가 되어 있냐고 한여름 태양에 달궈진 콩 한 알이 말을 걸어온다. 밥숟갈 가득 밥 한술을 떠 입에 넣고 단물이 나도록 꼭꼭 씹는다. 나는 오늘 그들의 수고를 먹고 미처 다하지 못했던 사랑을 하리라. 감추어진 태양 빛마저 드러내 보인 콩 한 알의 위력을 닮은 그런 창조주의 사랑 말이다.

가슴 엄마와 목도리

참된 기도는 진심과 순수함을 요구한다.

- 레너드 레이븐 힐

K집사 소천
장례 일정: 주일 예배 후 발인

평생 기도 동역자 L집사의 주일 아침 카톡이다. 소천한 K집사는 오랜 시간 교회학교 교사로 활동하고 있었지만 부서에 마음을 두지 못하는 상태였다. 의미 없이 드리는 예배만큼 부서활동도 의무적이었다. 아이들에 대한 관심이나 열정은 찾아볼 길 없었지만 타고난 성실함으로 맡은 직분을 묵묵히 견디고 있다는 느낌이 강했다. 부임하고 제자훈련을 하면서 K집사와 가까워졌다. 주일예배 시간도 겨우 맞추는 사람에게 토요일 제자반 교사를 권하는 것은 큰 모험에 가까웠다. 그럼에도 무슨 일이었을까? K집사는 처음의 거절과는 달리 섬기는 내내 아이들에게는 물론 교사들에게도 선한 영향력을 나타내었다. 이후 사역을 떠나서도 가깝게 지내게 되었고, 평생 기도 동역자 구성원이 되었다. 가정의 기도제목을 나누고 서로의 아픔을 함께 나누는 시간이 깊어 갈수록 사역자와 성도의 벽은 허물어지고 예수 그리스도안의 참 형제요 자매의 관계로 나아가게 되었다.

사역지를 옮겨온 지 7년. 그 사이 짧은 2번의 만남과 기도의 자리로 그 끈을 이어가고 있었는데 갑자기 소천이라니 여간 당황스러운 것이 아니다. 사람 구실을 한다는 것이 성공이나 경제력에 좌우되는 문제는 아니지만, 늘 밑바닥 삶을 살아가는 나로서는 기도의 동역자들과 자주 연락을 하는 것이 쉬운 일이 아니었다. 그러다 갑작스레 듣게 된 주일 아침의 소식은 청천벽력과도 같았다.

며칠 전 꿈에 K의 어머니의 모습을 본 뒤라 더 놀라지 않을 수 없었다. 어머니일 거라는 생각은 사실 꿈속에서도 예측하지 못했다. 노란 목도리가 없었다면 말이다. K집사의 어머니는 내가 선물한 노란 목도리를 하고 계셨다. 처음 본 모습과 마지막에 본 모습 그대로 앞치마를 두르고 무심한 듯 고개를 돌려 차려진 밥상을 향해 손짓으로 앉으라 했다. 말수가 없으신 분이셨는데 꿈에서는 기억할 수 없는 꽤 긴 말씀을 하셨다. 꿈에서 깬 나는 K집사에게 연락을 해볼까 하다 그만두었다. 곧 사역지를 관두고 또 어디로 가게 될지 모르는 불안정한 상황에 걱정 끼치고 싶지 않았고, 마음의 분주함에 그럴 여유조차 없었다.

K집사의 소천. 마음이 다급해진다. 소식을 전해 준 집사님께 교회에 도착하자마자 전화를 했다.
"어쩌다 그랬답니까? 사고인가요?"
집사님은 모르겠다고 한다. 당신도 교회 단체문자를 받았을 뿐이라 교회에 가봐야 안다고, 나중에 소식을 전하겠다는 말을 남기고 전화를 끊었다. 그제야 생각난 꿈을 되짚어 보니 K집사의 어머니는 나를 나무라고 계셨다는 느낌이 들었다. 함께 있을 때는 누나 동생처럼 그렇게 잘 지내다가 몸이 멀어지고 나서는 어찌 그렇게 소원할 수 있느냐 나무라셨나 보다. K집사의 어머니는 교회를 다니지 않으셨다. 그것이 K집사에게는 늘 마음에 걸리는 부분이었고, 어머니를 전도하기 위해 꽤 많은 시간을 들였다. 나와 마음을 터놓고 나서는 친정이 없는 나를 위해 자신의 어머니를 기꺼이 나누어 주었다. 어머니가 하시는 식당으로 찾아갔을 때 어머니는 반기지 않으셨다. 장성한 남녀

사이의 남매 맺음도 이해하지 못하셨지만, 전도를 목적으로 다가오는 것으로 아셨던 까닭이다. 그런데도 친정엄마가 없다는 말에 어머니는 정성껏 상을 차려 주셨고 따뜻한 밥 한 공기에 무심을 가장한 따뜻한 정을 전해 오셨다. 나는 기도하는 마음으로 손뜨개 목도리를 짰다. 어머니의 목에 목도리를 해드렸을 때 부담스러워하시는 모습이 역력했다. 나는 그 모습에 혹 사용하시지 않으면 어쩌나 불안했다. 하지만 어머니는 겨우내 목도리를 두르고 일하셨고, 간간이 K집사에게 나의 안부를 물으시며 밥 먹으러 오라 말씀해 주셨다. 천천히 어머니는 어머니의 속도로 마음을 열고 나를 품어 주셨다. 어떻게 설교를 마쳤는지 모르겠다. 온통 신경이 K집사와 아들을 앞서 보내고 눈물 흘리실 어머니에게 쏠려 깨어진 마음을 다잡을 수가 없었다.

예배 후 대구로 가기 위해 L집사에게 전화했다. 대화를 나누는데 이야기가 자꾸 어긋난다. 차근차근 되짚어 보니 K집사가 소천한 것이 아니라 어머님께서 노환으로 돌아가신 것이었다. 소식을 전해야 한다는 생각만으로 급하게 문자를 옮겨 붙이기를 하다 '모친'을 삭제해 버리고 전송한 거다. 어머님을 이 땅에서 다시 한 번 뵐 수 없음은 슬픈 일이지만 그런데도 K집사의 소천 소식이 아님에 안도했다. 한바탕 해프닝으로 끝나 버린 일이었지만 그 순간의 안타까움은 이루 표현할 길이 없다.

K집사와 장례 후 통화를 하면서 꿈에 나타난 어머니께서 무슨 말씀을 하셨을지 가늠해 보았다. K집사는 "걱정 마라. 하나님 만났고, 먼저 가서 기다리고 있겠다" 하셨을 거라고 했다. 그랬다. 오랜 시간 마음을 다해 어머니께 복음이 전해지기를 기도했다. 어머니께 밥상을 받을 때마다, 무심한 듯해도 가슴 딸로 여기시고 소식을 궁금해하실 때마다 빚진 마음으로 얼마나 기도를 했던가?

나는 나름대로 기도를 열심히 한다 생각했었고 말의 능력이 있어 어머니랑 만나 이야기만 하면 어머니께서 복음을 받아들이실 거라는 착각을 했다. 정성을 다해 기도하면 어머니의 마음이 돌려질 거라 생각했다. 딸이 없으셨으니 딸 노릇하면 내 말을 들어주실 거라 생각했다. 하지만 주님은 그 중심에 내가 있음을 아셨다. 모든 기도가 번번이 꺾이고 나란 사람이 사라진 뒤 한 영혼을 향한 순전한 기도만 남았을 때 주님은 예정하신 시간에 어머니를 부르셨다. 그리고 어머니는 세례를 받으셨다. 어머님의 이 땅에서의 남은 삶이 그분과 동행하는 삶이 되었다니 그 얼마나 기쁜 일인가. 마지막 천국 환송을 받으며 주님의 얼굴을 누구보다 먼저 기쁨으로 보았다는 것이 얼마나 감사한 일인가!

기도의 중심은 그분이다. 인위(人爲)가 사라지고 그분이 오롯이 드러날 때 그분은 당신의 때에 일을 이루신다. 더디 이루어진다고 생각하는 것은 나의 생각일 뿐, 절대로 서두르지 않으시며 실수가 없으신 그분은 당신의 일을 이루신다. 그리고 그 일을 이루어 가시는 가운데 나란 사람의 미약하고 어리석은 기도조차도 정결하게 하시며 사용해 나가신다. 기도는 결코 헛됨이 없고 정하신 때에 이루신다.

몸이 기억하는 성결의 시간

기도는 집중을 요하는 고도의 작업이라 할 수 있다. 사람마다 집중도가 높아지는 때가 다른데 나는 오랜 학원강사 생활 탓인지 새벽보다 밤 집중력이 좋다. 기도도 그랬다. 하지만 사역자, 사모로 새벽을 거를 수 없는 위치다 보니 깊이 있는 기도를 하지 못해도 새벽기도 자리를 지켜야 한다. 모처럼 명절 연휴라 새벽기도가 없는 날, 거룩을 향한 갈망보다 몸에 새겨진 시간의 결이 나를 일으켜 세운다. 이런 날은 특별한 무언가가 있다. 반드시 그랬다. 그동안의 수고를 채워 주시듯, 습관을 쫓아 몸이 기억하는 시간 속에 아버지께서 내 안에 충만히 부어 주시는 특별함이 있다.

3시 20분에 눈을 떠 먼저 화장실을 사용하고 3시 40분에 남편을 깨운다. 하지만 오늘은 곤히 잠든 남편을 깨울까 봐 까치발을 들고 문을 조용히 열었다. 모처럼 품에 돌아온 딸아이 둘의 자는 모습이 보인다. 문고리를 잡고 잠시 두 딸을 위해 기도한다. 고른 숨소리만큼 아버지 앞에 올리는 기도가 마음을 편하게 한다. 흔들리는 꽃대처럼 흔들거리면서도 그 마음 중심에 있는 신앙의 불씨가 꺼지지 않음을, 아버지 하나님께서 딸아이들을 잡고 계심을 강하게 느낀다. 막둥이에 대한 불안은 기도가 깊어 갈수록 감사의 제목이 된다. 하나님께서 이 아이들을 주심으로 당신께 더욱 가까이 나아가게 하신 그 시간이 최고의 선물임을 깨닫는 건 결코 어려운 일이 아니다.

거실에 작은 난로를 켜고 가장 낮은 엎드림으로 웅크려 머리를 바닥에 조아렸다. 내면 깊숙이 울리는 소리에 귀를 기울이며 머리에 공명하는 찬양이 나직나직 입술에 붙는다.

비둘기같이 온유한 은혜의 성령 오셔서
거친 맘 어루만지사 위로와 평화 주소서
연약한 나를 도우사 하나님 나라 이르러
주님의 품에 안기는 영원한 안식 주소서

상한 심령을 아버지께 내려놓고 아버지께 위로를 구하면 나직이 물어 오신다. 무엇이 너를 상하게 했냐고, 괜찮다고, 하지만 지금은 아파야 하고 지금은 울어야 한다고 말씀하신다.

이스라엘아 너를 지으신 이가 말씀하시느니라. 너는 두려워하지 말라. 내가 너를 구속하였고 내가 너를 지명하여 불렀나니 너는 내 것이라. 네가 물 가운데로 지날 때에 내가 너와 함께할 것이라. 강을 건널 때에 물이 너를 침몰하지 못할 것이며 네가 불 가운데로 지날 때에 타지도 아니할 것이요 불꽃이 너를 사르지도 못하리니 대저 나는 여호와 네 하나님이요 이스라엘의 거룩한 이요 네 구원자임이라.

– 이사야 43장 1-3절

사람에게 집중한 시선을 오롯이 그분께로 옮겨 놓는다. 세상과 더불어 살아가지만 사람에 휘둘리지 않고 그들의 헛된 영광을 바라보지 않기. 세상적 방법과 수완 좋은 삶의 방식을 부러워하지 않기. 더디 가는 듯해 보이지만 하나님의 때를 기다리기. 현혹시키는 말이 아닌 삶의 진실함을 믿기. 위장된 자신이 아닌 상처 난 자신을 마주하기. 나로서는 어찌할 수 없는 가난한 심령을 섣부른 거룩으로 포장하지 않기. 낮고 형편없는 나를 두려워하지 않기. "내가 네 구원자임이라. 내가 네 구원자임이라. 두려워하지 말라." 주님은 말씀하신다.

내 주의 보혈은 정하고 정하다
내 죄를 정케 하신 주 날 오라 하신다
내가 주께로 지금 가오니 십자가의 보혈로 날 씻어 주소서
약하고 추해도 주께로 나가면
힘주시고 내 추함을 곧 씻어 주시네
내가 주께로 지금 가오니 십자가의 보혈로 날 씻어 주소서

약하고 추한 내가 새롭게 회복을 얻는 시간. 몸이 기억하는 성결의 시간이 주는 유익이다. 새벽마다 선포되는 말씀이 사라지고 오롯이 아버지와 내가 독대함으로 얻게 되는 샘솟는 말씀과 위로. 내 몸에 새겨진 시간의 옹이가 만들어 준 특별한 선물은 내 안의 은혜가 담장을 넘어 내게 맡겨 주신 어린 생명들과 이웃을 향할 때 나오는 세밀한 기도다. 들으시는 그분으로 인하여 아뢸 수 있는 기막힌 선물이다.

일상을 살아내는 근력(筋力)

우리는 아무 의식 없이 일상을 살아가는 듯하지만, 일상을 살아가는 것에도 아니 그것을 살아내는 것에도 힘이 필요하다. 즉 일상을 살아내는 근력(筋力)이 필요하다.

일상을 살아내는 근력은 쉽게, 단기간에 생기지 않는다. 또한 그 근력은 우리가 깨닫지 못하는 사이 쉽게 무너져 내리기도 한다. 그렇다면 이 근력은 어떻게 해야 생기는 것일까? 결론부터 말하자면 하루하루를 비겁하지 않게 살아낸 그 일상이, 일상을 살아내는 근력으로 변화된다. 즉 하루를 제대로 살아내지 않으면 새롭게 살아갈 하루를 잃어버리게 된다는 논리다.

하루를 정직하게 살아낸다는 것은 무엇일까? 그것은 단순히 부지런히 성실히 살아간다는 것과는 다른 것이다. 내가 편한 것만, 내가 하고 싶은 것만 열심히 하는 것은 많은 음식을 섭취한다고 할지라도 편식으로 건강을 잃어버리는 것과 같다. 살다 보면 즐겁고 편안한 상황만 연출되지는 않는다. 에너지를 뺏기고, 눈물샘이 터지고, 모든 것들을 포기하고 싶을 정도로 힘든 순간이 온다. 아니 오히려 기막힌 상황들이 더 많다. 그때마다 그것을 피하고 내가 편한 방법만을 취할 때, 바로 그 순간 우리의 일상을 살아가는 근력은 파괴되기 시작한다. 하지만 우리의 눈에는 보이지 않고 서서히 무너지기에 우리는 잘 깨닫지 못한다.

젊은 엄마들이 아이들에게 고민 없이 휴대폰이나 태블릿을 준다. 그것은 아이들의 시선을 고정시켜 나의 시간을 벌 수 있는 손쉬운 선택이다. 물론 아이들이 빠르고 흥미롭게 학습할 수 있다는 장점이 있다. 그러나 아이들의 뇌는 치명적인 타격을 입게 된다는 연구결과가 있다. 또한 그러한 행위가 반복된 일상은 아이들의 사고체계와 생활방식을 기계 앞에 묶어 두게 된다. 엄마의 수고를 덜어 주는 편리가 장기적인 안목으로 볼 때 오히려 많은 역기능을 수반하는 것이다. 그렇다고 고리타분한 옛 방식의 학습 방법을 고수하는 것도 바람직한 방법은 아니다. 중요한 것은, 이렇게 간단히 얻게 되는 편리가 어떤 결과를 가져오는지 생각해 보아야 한다는 것이다. 살아가다 보면 쉽게 해결하지 못하는 어려운 일을 만나게 된다. 바로 그럴 때 그 일을 어떻게 헤쳐 나가는가 하는 문제다.

우리는 지금 현실과 가상의 공간을 함께 살아가고 있다. 익명성이 보장되는 가상의 세계. 일면식도 없는 친구. 게임상의 서열이 매겨지고, 전자화폐가 통용되는, 이해할 수 없지만 이해가 되는 그런 세상을 살아가고 있다. 온라인에서 많은 시간과 활동을 하면서 인기몰이를 하고, 직접적인 만남이 없이도 인간관계가 유지되고, 그 안에서 품위를 유지하기 위하여 노력하고, 온라인의 교류를 통해 인정도 받고 위로도 받으며 살아간다. 하지만 그것에 빠지게 되면, 현실에서 맞부딪히는 일상의 문제들을 극복하며 살아갈 근력을 잃어버리게 된다.

아이들이 게임을 한다. 그것에도 에너지가 필요하고 노력이 필요하다. 하지만 수학 문제 하나 푸는 것보다는 힘이 덜 든다. 쉽게 결과를 얻을 수 있고, 때때로 인심 좋은 프로그램은 게임 단계 사이사이 쉬운 레벨과 획득하게 쉬운 아이템으로 그들의 발을 묶어 둔다. 사이버상의 성취욕은 현실 세계에서의 근육의 힘을 점점 약화시키고 흥미를 잃어버리게 만든다. 조금만 노력해도 얻을 수 있는 고득점의 사이버 세상과 아무리 코피 터지게 노력해도 원하는 점수를 얻을 수 없는 현실과의 괴리감은 그들을 사이버상에 머물게 하는 매력 포인트다.

어른들 또한 마찬가지다. 현실은 녹록치 않다. 직장의 문제, 자녀의 문제 무엇 하나 쉬운 일이 없다. 하지만 가상현실 속의 자신은 누구에게나 호인으로, 인기인으로 존재할 수 있으며, 책임지지 않아도 좋은 위로와 격려는 싸워 내야 하는 현실과는 다르게 와닿는다. 시작은 기분전환과 사고의 휴지(休止)를 위한 것이었지만 어느새 그곳에 머무르는 시간이 많아지고 일상은 피하고 싶은 대상이 되어 버린다. 아이들이나 어른에게 일어나는 이 모든 현상은 하루아침에 찾아오는 것이 아니다. 부지불식간에 우리의 몸이 그렇게 익숙해지고 우리의 삶이 그렇게 젖어 버리는 것이다. 힘이 들더라도 사람과 대면해서 그 문제에 부딪히고 관계를 해결해 나가는 것. 우리 앞에 닥친 문제를 외면하지 않고, 실수하고 실패할지라도 끊임없이 마주하는 것. 어리석고 돌아가는 듯해 보여도 나의 편리를 포기하는 것. 이와 같은 수고로움이 잃어버리지 않는 일상을 만들어 가는 근력이 된다.

일상을 살아내는 근력이 당신에게는 있는가? 자녀들이 일상을 살아내는 근력을 기를 수 있도록 도와주고 있는가?

일상을 살아내는 근력은 사람과의 상호관계, 사회와의 상호관계를 통해 길러지고 성숙해지는 까닭에 자기중심의 삶을 살아가는 사람은 일상을 살아내는 근력을 기르기 힘들다. 자신의 감정에 골몰하여서 자기만을 바라보면 자신의 편리에 따른 선택을 하기 마련이다. 또한 실수와 실패가 허용되는 관계 속에서 근력은 자란다. 내 자녀의 근력을 길러 주고 싶다면 그들의 감정을 먼저 인정해 주고 읽어 주는 부모가 되어야 한다. 그들의 실수와 실패를 감싸 줄 수 있어야 하며, 올바른 훈육을 시행할 수 있어야 한다. 또한 긴 호흡을 가지고 다른 이들을 함부로, 빠르게 판단하지 않아야 한다. 빠른 세상을 살아간다. 긴 호흡을 갖기가 참으로 힘든 세대다. 그러나 자신에게는 한없이 여유로운 시간 바늘을 가진 것이 오늘날 우리의 모습이다. 긴 호흡이 필요한 것은 내가 아닌 나와 마찰을 일으키는 문제, 그 사람이다. 속단은 긴 호흡의 숨구멍을 막아 버리는 결과를 가져온다. 힘들지라도 기다려 주는 인내가 우리가 맞닥뜨린 문제 앞에 우리가 가져야 할 태도이며 그 인내가 바로 근력이 된다.

오늘을 살아내지 않으면 우리에게 주어지는 오늘을 잃어버리게 된다. 우리는 혼자서는 살아갈 수 없는 사회적 인간으로 지음 받았다. 가상의 공간에서 살아가도록 만들어진 것이 아니라 함께 공기의 흐름을 느끼며 불어오는 바람을 맞으며 미소로 마주하는 일상의 관계 속에서 살아가도록 부름을 받았다. 지금 나는 내게 일어난 문제들을 어떻게 대면하고 있는가? 어떻게 대면해 나가고자 하는가? 손쉬운 방법이나 피하고 싶은 방법이 아니라 정직하게 올곧은 눈으로 마주하며 가슴과 가슴으로 만나 그것을 해결해 나가고자 하는가? 그렇다면 당신은 오늘 하루를 살아갈, 새로운 하루를 선물 받을 근력을 가지고 있다.

인생도 영화배우처럼

약봉지에도 50이라는 나이가 적혔다. 작년까지 만 나이로 49세였기에 '아직은'이라는 생각이 있었나 보다. 어느새 반백 살이다. 백 살은 우습게 살아내는 오늘날로 치자면 아직 반밖에 살지 않았지만 살아온 반을 또 살아내야 한다면 자신이 없다.

40이 되면서 더 이상 짧은 치마에 롱부츠를 신을 수 없었다. 뭔가 모를 어색함이 나를 위축시켰다. 화장을 해도 어색하니 뭘 해도 예쁘지 않은 나이가 되었다는 것을 절감했다. 50이 되고 이제는 거울을 가까이하지 않게 된다. 남들보다 새치가 빨리 돋았지만 새치보다 더 가속을 붙이는 노안과 난시가 염색하는 것을 두렵게 만들었다. 나름 모여 장관처럼 멋진 백발을 기대하고 버텨 보려 했다. 그러나 그러기가 쉽지 않다. 첫째로 지저분한 중간 과정에 필요한 인내가 내게는 없다. 둘째로 타인의 눈에서 자유하지 못한 나는 새치 하나가 빈함과 게으름으로 비춰질까 염려된다. 마지막으로는 사역을 하는 동안은 아이들에게 가까이할 수 없는 많은 나이로 느껴지지 않도록 한 달에 한 번 염색을 한다.

이전 사역지 권사님으로부터 손뜨개 모자를 선물 받았다. 늦어진 스승의 날 선물이라며 건네신다. 이분을 처음 만났을 때를 기억한다. 멀리서 보아도 한눈에 알아볼 수 있는 걸음걸이다. 꼿꼿이 등을 쭉 펴고 잰걸음으로 걸으시는 분. 날카롭게 빛나는 눈빛과 무표정한 얼굴은 좀체 감정을 읽을 수가 없었다. '권사님이 화가 나셨나?'라는 마음이 드는, 곁을 내어주지 않는 차가운 표정이다. 하지만 가까워지고 마음을 나누게 되면서 속정이 얼마나 깊은지, 웃을 때마다 반달눈이 되면 눈가 주름이 얼마나 깊어지는지 알게 되었다. 예의 그 무심함으로 툭하니 종이 가방을 건네신다. 집에서 가방을 열어 보니 손뜨개 모자와 빨강 가방이다. 한 코 한 코 권사님은 어떤 기도를 올리시며 이것들을 만들어 가셨을까? 가벼운 말보다 응축된 몇 마디 말씀으로 자신의 깊은 마음을 나누어 주시는 분. 정붙일 곳 없는 외로운 타지에서 나갈 곳도, 만날 이도 없어 하루 종일 책만 보고 성경교재만 만들어 가는 나를 딱히 여기시며 주님의 위로를 구하며 한 올 한 올 길어 올렸을까?

오랜만에 거울을 보고 모자를 써본다. 카메라 어플을 다운받아 셀카를 찍었다. 손가락을 몇 번 움직여 팔자 주름을 지우고 미간의 내천자도 지웠다. 잡티를 제거하고 어플을 이용해 화장까지 했다. 10년은 젊어진 내가 카메라 속에 있다. 영화배우가 따로 있나? 누구나 자신의 인생 이야기를 적기 시작하면 시리즈물이 나온다. 이야기 속 주인공은 언제나 나 자신이다. 얼마만큼 자신이 맡은 배역에 몰입하여 충실히 해내느냐의 문제일 뿐, 배역을 정하는 건 자신의 몫이 아니다.

하나님이 완벽에 가까운 시나리오를 각자의 인생에 걸맞게 만드셨고 성령님이 감독하신다. 그럼에도 연기하는 연기자의 역량을 존중하신다. 연륜이 차지 않은 연기자는 때론 지나친 애드립으로 어떤 장면을 망쳐 버리기도 한다. 연기는 하면 할수록 늘고, 익숙한 배역에만 머물지 않는다. 다양한 역할을 통해 성장한다. 감독의 마음도 작가의 마음도 흡족시키는 영화배우가 되고 싶다. 천부적인 재능은 가지지 못했다 할지라도 주어진 배역에 성실함으로 성장하는 배우 말이다. 굳이 주인공일 필요 없이 맛깔나는 시나리오를 풍성하게 하는 조연이면 어떠랴. 이제는 반백을 살았으니 조금은 농익은 연기를 펼칠 수 있는 그런 배우로 성장하였을까?

살아도 익숙해지지 않는 삶의 자리가 있다. 낯설고 때로는 마음에 들지 않는다. 포기하고 싶을 때도 있다. 인생을 한 편의 영화에 비긴다면 어찌 맡고 싶은 배역만 할 수 있겠는가. 주어진 배역을 성실로 임하다 보면 한 모퉁이 작은 배역에서도 반짝이는 빛이 담겨질 터이고 마지막 자막에 이름 석 자는 뚜렷이 적혀 올라갈 것이다. 마지막 큐 사인이 떨어지기까지 열심히 맡겨진 역에 충실해야지. 인생도 영화배우처럼.

다정(多情)도 병(病)인 양하여

엄마의 강권에 못 이겨 일본에 있을 때 꽃꽂이를 배웠다. 일본 꽃꽂이는 전통이 오래된 만큼 여러 유파가 있다. 내가 배우게 된 곳은 명성을 크게 얻었던 이케노보우(いけのぼう=池坊)파였다. 대부분의 동양 꽃꽂이가 그러하듯 선을 강조하고 여백의 미를 느낄 수 있다. 일본 꽃꽂이는 신, 부처에게 바치는 것에서 유래되어 반드시 나무를 세우는 것이 기본이다. 나무가 가지는 자연스러운 선이 강조되고 그것을 극대화하기 위한 재료로 꽃 몇 송이가 어우러지는 것이 특징인데, 한 송이 꽃에 세 개의 잎, 두 송이의 꽃에 다섯 개의 잎만으로 충분한 아름다움을 느낄 수 있다. 자연스러운 나뭇가지와 잎 소재로 선과 공간을 만들어 적은 양의 꽃이 포인트를 주는 것으로 꽃 중심의 유럽 꽃꽂이와 구별된다.

한국에 와서 신학을 하기 전 교회를 섬기며 교회 꽃꽂이를 5년 정도 했다. 처음에는 일본에서 배운 대로 소재를 중심으로 작품을 만들었는데 그런 스타일이 눈에 익숙하지 않아서 그랬는지 성도님들의 반응이 '꽃값이 비싸서 그랬나?', '꽃다 말았나?'였다. 할 수 없이 배운 것을 기반으로 책을 통해 유럽풍의 풍성한 방사형 꽃꽂이로 바꿔야 했다.

생화를 중심으로 한 꽃꽂이에 익숙한 나로서는 화분이 어렵다. 물을 주는 것과 일조량을 맞추는 것이 귀찮기도 했지만, 완성된 아름다움이 아닌 이루어져 가는 아름다움에 관한 기대와 기다림이 익숙하지 않은 탓이다. 정원에서 키우는 화초는 뿌리가 깊이 내리면 웬만한 환경 속에서도 견디는 자연적 힘이 있다. 하지만 화분의 화초는 젖을 뗀 아이를 데려온 느낌이랄까? 마음이 늘 안절부절못하게 된다.

이사 첫 선물로 화분을 받았다. 사실 화분을 선물 받을 때마다 마음의 부담이 크다. 꽃을 싫어해서가 아니라 생명에 대한 책임 때문인지도 모른다. 그 책임감은 과도한 관심을 부르고 넘치게 부지런하게 만든다. 이번만은 그러지 말아야지. '조금의 거리 두기와 무관심'의 자세를 갖자고 다짐을 한다. 일주일에 한 번 물을 주자. 애써 잊은 듯 눈을 감

자. 내 손이 아닌 자연에 맡겨 본다. 드는 햇빛에 잎사귀를 맡기고, 뿌리내리는 자신의 힘을 믿어 주자. 흙을 만졌을 때 건조한 느낌이 있으면 물을 주자. 지나치게 물을 주면 뿌리가 썩는다. 혼잣말을 되뇌며 화분을 마주했다. 마음의 다짐 덕분이었을까? 건강하게 잘 자라 주는 녀석이 고맙다. 근데 며칠 전부터 곁가지가 많이 뻗어 나와 이내 녀석의 몸을 담고 있는 화분이 작게 느껴졌다. 선물용으로 보기 좋게 둥글게 말린 줄기 사이사이 곁가지가 뻗어 있다. 둥글게 말아 둔 지지대를 토막토막 내어서 줄기가 상하지 않게 뽑았다. 줄기를 자연스럽게 아래로 쳐지게 해주고 분갈이를 했다.

새삼 느끼는 것이지만 적당한 '거리 두기'와 안전한 울타리 안의 '무관심'은 그 사물의 고유한 성질을 존중하면서 스스로 자라게 하는 힘이 있다. 창조주가 부여한 생명력이다. 이것은 비단 식물에 그치는 것이 아니다. 사람과의 관계에서도 그러하다. 다정(多情)도 병(病)이라는 옛시조의 한 구절처럼, 지나친 관심과 앞선 부지런함, 과공급(過供給)이 자녀를 병들게 하는 일이 많다. 부모의 불안과 염려는 자녀를 울타리 안에서 보호하는 기능을 하지만, 지나친 불안과 염려는 자녀를 불안하게 하고 자율적이고 건강한 아이로 자라게 하지 못한다. 불안과 두려움도 교만의 한 모습이다. 지나친 불안과 두려움도 죄다. 자녀. 부부. 자칫 내게 귀속된 관계라 생각하기 쉬운 일차적인 관계 안에서도 심리적 거리 두기와 적당한 무관심은 더더욱 필요하다. 아이를 독립된 인격체로서 존중해 주어야 하고, 부부는 건강한 독립적 개체로서 마주 설 수 있어야 한다. 주께서 그 생명에 부여한 생명력은 창조주의 계획에 따라 세상 가운데서 살아갈 자생적(自生的) 힘이 있다. 우리 믿음의 증거는 하나님을 향해서만 드러나는 것이 아니라 주께서 허락한 우리의 관계 가운데서도 드러난다. 혹 우리의 조급함과 지나친 애정으로 하나님께서 그들을 다듬어 가실 틈을 허락하지 않고, 완전하신 그분의 보호가 아닌 불완전한 나의 손안에 그들을 두려고 하는 우를 범하는 것은 아닐까? 내가 주를 믿는다고 고백한다면 그들을 향한 하나님의 계획하심도 신뢰하여 조금은 거리를 두고 그들의 삶을 마주해야 하지 않을까? 자라게 하시는 이는 오직 그분이심을 기억해야 하리라.

나는 심었고 아볼로는 물을 주었으되 오직 하나님께서 자라나게 하셨나니.   - 고린도전서 3장 6절

그곳에 하나님 나라가 있다

실버 사역에서 빠질 수 없는 것이 심방 사역이다. 연로하셔서 예배 참석이 어려운 분과 요양병원에 계신 분들이 많은 까닭이다. 출근을 하면 결석자 체크를 하고 심방 대상자를 정한다. 그런데 오늘은 2년 넘게 장기 결석자로 분류되어 있는 96세 권사님의 심방 요청이 따님으로부터 있었다. 부목사님께 동행을 요청했지만 다른 심방으로 곤란해하신다. 혼자 갈 수밖에 없다. 교회를 나서기 전 기도실에 들러 기도를 했다. 청소년 사역만 해온 나는 성인을 만나는 것이 조금 두렵다. 더욱이, 혼자 90넘은 어른과 무슨 말을 해야 할까? 권사님 상태에 대한 정보가 없어 어떤 심방 형태를 취해야 할지 몰랐다. 두려움과 부담이 커지는 만큼 기도는 간절해진다. 그 기도 중 예배에 대한 갈망이 느껴져 예배를 드릴 수 있도록 준비해야겠다는 마음이 커진다. 함께 부를 찬양을 정하고 성경을 펼쳐 짧게 말씀을 준비했다. 자녀분께 전화해 대문은 누가 열어 줄 수 있는지 묻고 점심 식사 후 바로 출발하겠다고 말씀드렸다.

비가 나붓나붓 내린다. 우산을 쓰기도 그렇고 맞으려 하니 또 그렇다. 이런 애매한 비라면 나는 즐겁게 맞는 편을 선택하지만 심방에 젖은 머리로 갈 수는 없지 않은가? 멀지 않은 곳에 까만 대문이 보인다. 초인종을 누르니 손녀가 문을 열어 준다. 대문 앞 의자에 권사님이 앉아 계시다. 지그시 감은 눈에서 모든 시간이 응집된 듯한 고요함이 뿜어 나온다. 지팡이를 의지해 몸을 일으키시는 권사님은 나이보다 건강해 보인다. 안내된 방에는 권사님만큼 나이 먹은 낡은 기도상이 놓여 있었다. 나는 무릎을 꿇고 기도를 시작한다. 권사님의 들어섬과 앉음을 공기의 균열로 알 수 있다. 불현듯 적막을 깨는 기도 소리.

"부족하고 보잘것없는 저를 위해 하나님의 종을 보내 주셔서 감사합니다."

쇳소리가 섞여 있지만 또렷하고 분명하다. 더럭 눈물이 난다. 어머님의 기도다. 한국교회를 지켜 온 이 땅의 어머니. 그 어머니의 기도다. 갑자기 감당할 수 없는 열기가 얼굴을 덮는다. 이것은 분명 부끄러움이다. 짧은 시간 섬광처럼 하나님의 은혜가 임한다. 변화의 능력. 기능적 심방자를 그리스도의 종, 하나님의 종으로 바꾸어 놓는 어머님의 기도. 성도의 기도다.

목이 잠겨서 요사이 찬양이 안 나오신다는 권사님과 찬송가 85장을 함께 찬양한다. 권사님이 펼치신 찬송가를 보니 세월이 느껴지는 단음 찬송가다.

구주를 생각 만해도 내 맘이 좋거든
주 얼굴 뵈올 때에야 얼마나 좋으랴

권사님과 함께 곡조도 박자도 어긋나 한없이 느린 진양조 가락으로 느릿느릿 한 소절씩 부른다. 음악적 요소는 찾을 게 하나도 없다. 그럼에도 권사님의 인생을 주관해 오신 하나님을 경험할 수 있는 입술의 고백, 그 어떤 천사의 찬양보다도 우리 주님 기뻐하시는 찬양이 분명하다.

시편 91편을 읽었다. 까막눈인 것을 수줍게 말씀하시지만, 하나님께서 성경만은 읽을 수 있게 해주셨다는 고백은 초점을 잃은 눈에도 반짝임을 담아낸다. 먼저 읽어가는 내 목소리를 따라 한 음보 늦게 읽어 오신다. 기도로 예배를 마치자 하얀 봉투에 미리 준비한 심방헌금을 주신다. 그리고는 하시는 말씀.
"전 아침에 오시는 줄 알았어요."
얼마나 예배가 드리고 싶으셨을까? 나붓나붓 내리는 빗방울에 옷이 젖는 줄 모르고 기다리셨을 권사님.

그곳에 하나님 나라가 있었다. 하나님 나라는 그분이 주인이 되는 곳이다. 오롯이 그분만을 갈망하는 마음으로 올려드리는 찬양, 유창하지 않아도 한 자 한 자 마음에 새기는 그분의 약속의 말씀이 울려 퍼진다. 겸손한 마음으로 드리는 기도의 소리가 끊이지 않는 곳. 나는 오늘 권사님을 통하여 하나님 나라를 누린다.

구주를 생각만 해도 내 맘이 좋거든
주 얼굴 뵈올 때에야 얼마나 좋으랴
만민의 구주 예수여 귀하신 이름은
천지에 온갖 이름 중 비할 때 없도다
참회개 하는 자에게 소망이 되시고
구하고 찾는 자에게 기쁨이 되신다
예수의 넓은 사랑을 어찌 다 말하랴
그 사랑 받은 사람만 그 사랑 알도다
사랑의 구주 예수여 내 기쁨 되시고
이제와 또한 영원히 영광이 되소서

품다

마치 독수리가 자기의 보금자리를 어지럽게 하며 자기의 새끼 위에 너풀거리며 그의 날개를 펴서 새끼를 받으며 그의 날개 위에 그것을 업는 것 같이.　　　　　　　- 신명기 32장 11절

예루살렘아 예루살렘아 선지자들을 죽이고 네게 파송된 자들을 돌로 치는 자여 암탉이 그 새끼를 날개 아래에 모음 같이 내가 네 자녀를 모으려 한 일이 몇 번이더냐.

　　　　　　　　　　　　　　　　　- 마태복음 23장 37절

나라를 품는다. 뜻을 품는다. 그리고 사람을 품는다. '품다'라는 말을 국어사전에서 찾으면 '품속이나 가슴에 대어 안다'라는 뜻과, '계속 많이 푸다'라고 나온다. 이 두 말을 곰곰이 생각해 보면 별반 다르지 않음을 알게 된다. 자신의 가슴이나 품을 내어주는 행위, 무엇인가 끊임없이 길

어내어 나누는 행위가 '품다'라는 것이다. 결코 안에 고인 웅덩이로 있는 것이 아닌, 자신의 것을 역동적으로 내어주는 단어가 '품다'라는 단어다. 그러고 보면 가슴에 어떠한 생각이나 뜻을 품은 건 기필코 언젠가는 드러나고야 만다는 것을 암시하는 것인지도 모른다.

아들의 입대를 앞두고 잠시 귀국한 선교사님은 연일 계속되는 폭염 가운데 헉헉거리는 고국의 벗들을 보면서 당신이 사역하는 나라의 더위와 비교하면 그렇게 더운 날씨는 아니라 말씀하신다. 더운 나라의 여느 기온에도 미치지 않는 한여름의 더위 속에서 우리는 최첨단 기술의 냉방시스템으로 더위를 피한다. 선교사님은 그런 앞선 기술들을 보며 잠시 귀국한 걸음이지만 당신이 품은 나라를 생각하고 선교지의 사람들을 떠올리신다. 그 모습을 보면서 한 나라를 품고, 한 민족을 품는 행위는 참 대단한 그 무엇이라는 생각을 하게 된다. 자신의 삶을 내어주고 자신의 것을 계속 많이 퍼준다는 것은 결코 아무나 할 수 있는 일이 아니다. 우리 주님 역시 그러셨다. 어미 닭이 새끼를 품음같이 이스라엘을 품으셨고, 독수리의 날개 아래의 새끼처럼, 등에 태운 새끼처럼 그들을 살피셨다. 종국에 자신의 모든 것을 내어주기까지 우리를 품으셨음을 안다.

나 역시 품은 나라가 있다. 늘 가슴 한편이 욱신욱신거리고 매일 아침의 기도에, 축복의 발원문에 빠지지 않는 민족이 있다. 그들은 다름 아닌 조선적(朝鮮籍)을 가진 일본 내 거주하는 조선인들, 자이니치다. 이들의 존재를 모르는 사람이나 혹 안다고 해도 오해를 하고 있는 사람이 많다. 차라리 오해보다는 모르는 것이 나을까? 그들을 향한 오해는 일본에서 받는 편견과 혐오보다 더 큰 상실의 아픔을 그들에게 준다. 많은 사람들이 자이니치, 조선학교 등을 조총련, 북한, 간첩양성소 등으로 오해한다. 잘못된 역사교육이 가져온 무지의 소치다.

자이니치(在日)는 8·15 해방 이후 일본에 남은 한국인과 북한 국적의 조선인을 아울러 부르는 일본말이다. 일본이 패전 후 재일동포 60만 명에게 부여한 임시 국적명이 조선이다. 그러나 조선 국적을 고수한 이들은 2015년 기준 3만여 명에 불과하다. 이들이 온갖 편견과 혐오 속에서도 조선이라는 국적을 고수하는 이유는 여러 가지가 있지만, 그중 하나는 자신들이 한국이든 북한이든 한 나라의 국적을 취득하면 남북의 분단을 인정하는 것이기에 통일한국을 염원하는 마음으로 조선적을 고수한다. 이들의 삶은 마치 디아스포라 유대인의 삶처럼 불안정하고 많은 위험에 노출되어 있다. 일본 내 시민권이 없으니 각종 국가적 혜

택을 받지 못하고 참정권을 갖지 못한다. 학교에서는 각종 편견과 혐오의 대상이 되며, 취업의 문은 좁고도 좁다. 우리나라만큼 가슴 아프고도 상처투성이의 현대사를 가진 민족이 또 있을까? 역사의 굴레 속에서 어쩔 수 없이 일본에 잔류한 이들의 3, 4세가 지금 자이니치의 주된 층이다. 차별의 무게를 덜기 위해 귀화하여 일본 국적을 취득한 이도 있고, 일본 문화가 더 익숙하지만 민족적 정서와 문화를 익히며 조선 국적을 고수하고 있는 이들도 있다. 국적은 본질적이지 않다. 그들에게 중요한 것은 민족성이다. 그들의 몸은 일본에서 살아가지만 마음은 통일된 한국인으로 살아가고자 꿈꾼다.

신대원을 마치고 일본 선교사를 지망했다. 고베로 들어가 조선인학교를 대상으로 선교하려 결심했다. 교단 파송이 불가한 나에게 기적같이 개인 후원자가 생겼다. 졸업과 동시에 사역을 정리하고 일본으로 가기 위해 일단 고베 개혁파 신학교로 서류를 넣었다. 합격증을 받고 마지막 선교 준비를 하는 단계에서 차질이 생겼다. 박근혜 대통령 재임 당시 자이니치와의 교류는 새로운 어려움에 맞닥뜨렸다. 후원을 약속한 후원자 한 분이 자이니치 사역을 조총련 사역으로 오해했고, 당신 기업의 이미지와 자녀들에게 미칠 영향을 생각해서 후원을 거절해 온 것이다. 물론 그분이 살아오신 세대의 가치관과 정부의 태도를 본다면 충분히 가질 수 있는 오해였다. 자이니치에 대한 자료와 설명, 선교 사역 방향에 대해 말씀드렸지만 그 마음은 돌아서지 않았다. 그렇게 많은 기도를 드렸고 그들을 향한 내적 소명도 확실했건만 하나님의 뜻은 어디에 있었던 것일까? 선교지 출국이 좌절되고, 1년간 선교사 후보생으로 전임 사역을 했다. 자이니치를 향한 기도응답이 있었다고 확신했는데, 하나님의 뜻은 국내 청소년 사역에 있었던 것일까? 그 이후 결국 국내 사역으로 굳히게 되었다.

무언가를 가슴에 품는다는 것이 이런 마음일까? 자이니치를 향한 나의 마음은 늘 안타까움이다. 그들을 품은 나의 마음은 늘 빚진 자의 마음이다. 나의 땅 끝, 주님의 시선이 향하는 곳이 내게 있어서는 자이니치인 것이다. 그들에게 전하고 싶었던 복음의 언어, 그들에게 들려주고 싶었던 생명의 언어는 기도의 자리에서 눈물의 언어로 치환된다. 품는다는 것은 계속해서 주고 싶은 아버지의 마음인가 보다. 후방선교의 자리에서 오늘도 기도로 씨를 뿌리며 그들의 삶 가운데 예수 그리스도가 전해지는 소망을 품는다.

곁을 내어준다는 것

여름밤은 짧고 마음의 근심은 깊다.

겨우 잠든 밤이건만 청하는 잠은 오지 않고 심박동 소리만 점점 귀에 다가온다. 이럴 때 할 수 있는 유일한 행위가 기도다. 새벽조차 오지 않은 시간, 혼자 나직나직 몸을 흔들며 기도를 하고 있노라면, 슬며시 옆에 와 자리를 지켜주는 존재가 있다. 새하얀 눈송이 같은 털과 부드러운 가슴을 가진 고양이 시로다. 고양이가 두 마리 있는데 내 곁을 맴도는 녀석은 하얀 털을 가진 고양이다. 내가 곁을 내어준 것인지, 녀석이 곁을 내어준 것인지 알 수 없지만, 우리는 그렇게 기도의 시간을 함께한다. 몸이 닿지 않아도 좋다. 충분히 감정의 흐름을 느낄 수 있는 거리만큼 우리는 거실을 나눠 가진다. 때때로 가르릉 소리가 들리고, 늘어진 수염과 다정한 눈으로 바라볼 수 있는 딱 그 거리에서 우리는 서로의 곁을 지킨다.

얼마 전 몇몇 사모님과 단톡방을 만들어 서로의 기도제목을 나누었다. 개척교회, 가정교회, 선교지, 부교역자의 사모가 모였으니 그 기도의 제목은 얼마나 원색의 날것들이겠는가? 기도의 제목이 쌓여 가고, 기도 시간이 켜켜이 결을 이루어 가면 수만 가지 말이 오간 것보다 한 사람을 향한 마음이 때때로 깊어진다. 한밤이 주는 적막 속에서 오롯이 한 사람의 이름에 집중해 기도의 제목을 전능자의 손에 올려 드린다. 입술을 떠난 기도의 말은 무형의, 혹은 무언의 충만함으로 다시금 가슴에 차오르는데, 그 풍요로움은 그 무엇으로도 표현할 길이 없다. 오랜 시간 함께 간절함으로 올린 기도가 응답되었다는 말씀을 들었을 때, 장난스럽게 "내 기도 덕분이다"라고 너스레를 떨었다. 하지만 안다. 내가 아뢴 그 시간과 비교할 길 없는, 수만 시간을 그 제목 속에 쌓아 올린 그분의 기도의 나이테를 말이다. 응답되지 않는다고 거듭 낙심하며 소망을 잃어버린 적이 얼마나 많았을까? 때가 차매 그 기도는 마침내 이루어졌다. 그 시간을 헤아려 보니 괜스레 눈시울이 붉어졌다. 나의 간절함이 그분의 간절함에 절반도 미치지 못했겠지만, 그 응답에 감사와 소망을 나눠 갖는 까닭은 언젠가 나의 기도 역시 때가 차면 응답되었노라 고백할 시간이 올 것이기 때문이다.

한여름의 정점을 알리는 8월이다. 새벽을 달리는 이는 아주 조금 느슨해진 해와 바람에 흔들리는 풀들의 언어로 숨겨진 가을을 본다. 한낮의 뜨거운 해는 여전하다. 살갗을 따끔거리는 열기도 그러하다. 하지만 너의 시절도 이제 저물어 가는구나. 달도 차면 기울고 화무십일홍이라 열흘 붉은 꽃이 없다지 않은가?

주 앞에 엎드리는 시간, 겸손을 배운다. 내 존재를 알아 가는 시간. 죄의 회개뿐 아니라 죄악된 본성을 마주하고 철저히 그분을 의탁할 수밖에 없는 나를 본다. 오르막길의 수고로움이 내리막길의 유혹으로부터 나를 지킨다는 것이 그분의 지혜다. 남편의 길어진 실직. 목사와 결혼하고 부를 누릴 거란 생각은 하지 않았지만 이런 생활고를 겪으리라고는 생각지 않았다. 빈곤이 인간을 비루하게 만들지 않는다. 믿음을 잃어버림이 사람을 비루하게 한다. 그분 앞의 정직과 그분 앞의 신실함을 잃어버림이 비루함이다. 등산로 안전을 위해 설치한 로프 줄을 잡고 산길을 오르듯 나는 오늘도 기도의 줄을 잡고 거친 언덕을 오른다.

여전히 시로는 내 곁을 떠나지 않는다. 마주친 눈길, 가늘어진 눈동자에 깊은 신뢰가 어려 있다. 길어진 기도 뒤에 느낄 수 있는 전능자가 허락하신 무조건의 신뢰를 닮았다.

곁을 내어준다는 것은 내 욕심 하나를 걷어내는 것이다. 곁을 내어준다는 것은 정복하고자 하는 교만 하나를 걷어내는 것이다. 곁을 내어준다는 것은 무례함을 걷어내는 배려다. 무릎 꿇은 기도가 아니고서야 깨닫지 못하는 것을 이 녀석은 어디서 배웠을까?

새벽빛보다 습기 가득한 흙냄새가 코끝에 먼저 차오른다. 창문을 두드리며 시원스레 내리는 소낙비. 제법 빗살이 굵다. 열어 둔 창문을 닫으며 문득 어제 보았던 부용이 생각난다. 가늘고 긴 줄기가 이 비에 버텨 줄까 염려되었지만 그 여린 유연함은 흔들리면서도 자신에게 주어진 몫을 충실히 살아내리라. 이 비로 신록은 더욱 푸르러지고 논의 벼들은 몸을 더욱 부풀려 가겠지. 우리가 겸손해야 하는 이유를 작은 고양이에게도, 피고 지는 저 꽃들에게도, 논밭의 식물에게도, 가장 작은 자연만물에까지 창조주는 숨겨 두셨구나.

예수님이 자신의 백성을 위해 죽으셨을 때,
그분은 이 구체적인 하루를 살아가는
나를, 내 이름을 알고 계셨다.
…
그분은 있는 그대로의 모습으로
오늘을 살고 있을 나를 아셨고,
구체적인 아름다움과 깨어짐을 간직한 관계들
그리고 구체적인 죄와 어려움을 아셨다.
…
하나님은 우리를
새로운 사람으로 빚어내고 계신다.
그리고 이러한 빚어냄의 장소는
오늘의 작은 순간들이다.

- 티시 해리슨 워런, 「오늘이라는 예배」 중에서

그럼에도 눈부신 계절
ⓒ 후우카 김

1판 1쇄 인쇄 2022년 1월 15일
1판 1쇄 발행 2022년 1월 20일

지은이	후우카 김
발행인	조애신
책임편집	이소연
디자인	임은미
마케팅	전필영, 고태석
경영지원	전두표

발행처	도서출판 토기장이
주소	서울시 마포구 망원로 26 토기장이 B/D 3F
출판등록	1998년 5월 29일 제1998-000070호
전화	(02) 3143-0400
팩스	(02) 3143-0646
이메일	tletter@hanmail.net
페이스북	www.facebook.com/togijangibook
인스타그램	@book.library.togi
ISBN	978-89-7782-462-1

- 이 책은 저작권 법에 따라 보호를 받는 저작물이므로 무단 전재와 무단 복제를 금합니다.
- 이 책의 전부 또는 일부를 이용하려면 반드시 저자와 도서출판 토기장이의 동의를 받아야 합니다.

도서출판 토기장이는 생명 있는 책만 만듭니다.
"우리는 진흙이요 주는 토기장이시니 우리는 다 주의 손으로 지으신 것이니이다" (이사야 64:8)